"十四五"全国统计规划教材

大数据预处理
结构完善与价值提升

任韬　刘帅　周振坤◎编著

中国统计出版社
China Statistics Press

图书在版编目(CIP)数据

大数据预处理：结构完善与价值提升 / 任韬，刘帅，周振坤编著. —— 北京：中国统计出版社，2024. 10.
(“十四五”全国统计规划教材). —— ISBN 978-7-5230-0589-7

Ⅰ. C8

中国国家版本馆CIP数据核字第2024R88B48号

大数据预处理:结构完善与价值提升

作　　者/任　韬　刘　帅　周振坤
责任编辑/宋怡璇
封面设计/黄　晨
出版发行/中国统计出版社有限公司
通信地址/北京市丰台区西三环南路甲6号　邮政编码/100073
发行电话/邮购(010)63376909　书店(010)68783171
网　　址/http://www.zgtjcbs.com
印　　刷/河北鑫兆源印刷有限公司
经　　销/新华书店
开　　本/710×1000mm　1/16
字　　数/225千字
印　　张/13
版　　别/2024年10月第1版
版　　次/2024年10月第1次印刷
定　　价/39.00元

出版说明

教材之于教育，如行水之舟楫。统计教材建设是统计教育事业的重要基础工程，是统计教育的重要载体，起着传授统计知识、培育统计理念、涵养统计思维、指导统计实践的重要作用。

全国统计教材编审委员会(以下简称编委会)成立于1988年，是国家统计局领导下的全国统计教材建设工作的最高指导机构和咨询机构，承担着为建设中国统计教育大厦打桩架梁、布设龙骨的光荣而神圣的职责与使命。自编委会成立以来，共组织编写和出版了“七五”至“十三五”七轮全国统计规划教材，这些规划教材被全国各院校师生广泛使用，对中国统计教育事业作出了积极贡献。

党的十九届五中全会审议通过的《中共中央关于制定国民经济和社会发展第十四个五年规划和二〇三五年远景目标的建议》，为推进统计现代化改革指明了方向，提供了重要遵循。实现统计现代化，首先要提升统计专业素养，包括统计知识、统计观念和统计技能等方面要适应统计现代化建设需要，从而提出了统计教育和统计教材建设现代化的新任务新课题。编委会深入学习贯彻党的十九届五中全会精神，准确理解其精神内涵，围绕国家重大现实问题、基础问题和长远问题，加强顶层设计，扎实推进“十四五”全国统计规划教材建设。本轮规划教材组织编写和出版中重点把握以下方向：

1. 面向高等教育、职业教育、继续教育分层次着力打造全系列、成体系的统计教材优秀品牌。

2. 围绕统计教育事业新特点，组织编写适应新时代特色的高质量高水平的优秀统计规划教材。

3. 积极利用数据科学和互联网发展成果，推进统计教育教材融媒体发展，实现统计规划教材的立体化建设。

4. 组织优秀统计教材的版权引进和输出工作，推动编委会工作迈上新台阶。

5. 积极组织规划教材的编写、审查、修订、宣传评介和推广使用。

"十四五"期间，本着植根统计、服务统计的理念，编委会将不忘初心，牢记使命，充分利用优质资源，继续集中优势资源，大力支持统计教材发展，进一步推动统计教育、统计教学、统计教材建设，进一步加强理论联系实际，有序有效形成合力，继续创新性开展统计教材特别是规划教材的编写研究，为培养新一代统计人才献智献策、尽心尽力。

同时，编委会也诚邀广大统计专家学者和读者参与本轮规划教材的编写和评审，认真听取统计专家学者和读者的建议，组织编写出版好规划教材，使规划教材能够在以往的基础上，百尺竿头，更进一步，为我国统计教育事业作出更大贡献。

国家统计局

全国统计教材编审委员会

2021年9月

前　言

在现代社会,数据的作用愈发凸显。数据已不仅仅是信息的载体,而是深刻影响经济社会发展的关键因素。从宏观视角看,数据成为与土地、劳动、资本并列的第四大生产要素。数据是推动技术创新的原动力,能够帮助企业和政府优化资源配置,提高运营效率,增强决策的精确度,并为消费者提供更加个性化的服务。特别是在数字经济时代,数据的分析和应用对于形成新质生产力具有重要意义,它促进了经济结构的优化,新业态的涌现,以及全球竞争力的增强。从微观视角看,数据对企业和个人行为产生深远影响。企业通过对数据的挖掘和分析,能更深入地理解市场需求,精准定位目标客户,优化产品设计和市场策略,从而在激烈的市场竞争中脱颖而出。对于个人而言,数据的积累和利用促进了生活方式的变革,加强了社会互动,提升了生活质量。可以这样说,我们每个人的工作与生活,都离不开对数据的感知、应用、分析和解读。

要想让数据变得有用,至少要经历数据获取(采集),数据预处理,数据分析(建模)和对数据分析结果的展示和应用四个阶段。在这四个阶段中,传统观点往往将数据预处理视为一个辅助过程而被人们所忽视,以至于广大读者很难在市场上找到一本专门讨论数据预处理的书籍。然而在大数据时代到来以后,实践领域的经验告诉我们,大数据环境下数据预处理过程不再是可有可无的过程,通过预处理既要完善并简化所获取的数据,使之能够用于分析;又要根据分析的需要改变数据的状态和属性,提升其分析价值并降低信息挖掘难度。因此数据预处理是数据分析过程的重要步骤,预处理质量和效果直接决定了数据分析结果的价值。

本书将以数据分析全过程为视角介绍在数据预处理过程中最常见的工作内容和操作方法,全书共16章,第1章为大数据预处理的概述,介绍了大数据预处理的目的和主要内容,并介绍了本书使用到的案例数据集。第2章至16章分为两个部分:结构完善篇和价值提升篇,下面简单介绍这两部分及各章的主要内容:

结构完善篇共包含6章,主要解决的是数据集结构不完善,不能满足分析需要的问题。其中第2章介绍了使用简单统计量、聚类方法、回归模型和GBDT模型对数据中的缺失值进行插补的方法,通过对缺失数据进行插补使之可以参与分析建模。第3、4、5章主要讨论的是数据分布异常的情况,包括了低频分类、高偏度、和异常值三种具体表现。第6章针对二分类数据类别间不平衡的问题,介绍了多种方法对数据进行配平,进而提升建模效果。第7章主要针对数据集中变量和样本规模过大的情况,介绍了多种变量选择和样本归约方法,在保证建模效果的前提下提升效率。

价值提升篇共包含9章,通过对数据的预处理过程实现数据信息价值的提升。这一过程很类似煤炭开采后原煤需要经过洗选、分级、破碎、筛分等一系列加工过程,以提纯和增加煤炭的热值。我们获取的数据往往也需要通过预处理从而将其中包含的信息提取出来,从这个角度来说,预处理实现了数据价值的提升。其中第8、9两章针对文本形式的数据介绍了相关处理方法,包括将记录日期时间的文本数据转化为相应数据形式,使用正则表达式表示特定文本模式,对文本数据进行分词和向量化等内容。第10、11两章讨论了数据类型转换的问题。很多时候原始数据形式并不适合进行分析,因此需要通过数据类型转换来提升其分析价值,例如将连续型数据转化为分类型数据,或将某种分类型数据转化为另一种形式等等。第12章中介绍了一种提取数据缺失值模式从而获取有价值信息的方法。第13章介绍了基于数值型数据特征对其进行缩放的几种方式,通过将数据缩放到特定范围,可以凸显出数据的本质特征,特别适合与多变量对比的分析场景。第14章讨论了通过平滑和求导对信号数据进行降噪的方法,通常在提取信号数据时不可避免的会混杂着噪声,这些噪声会严重干扰对信号数据的分析过程,因此降噪是对信号数据进行分析的必要前提。第15章介绍了一些图像数据的预处理方法。第16章讨论了如何在分布式平台上进行数据预处理。

为了让读者能够直接掌握数据预处理的具体操作方法,本书包含了大量代码和代码运行结果的展示。所有代码都是基于Python 3在Jupyter notebook平台上编写的。虽然笔者对于本书倾注了大量热情和努力,但由于自身水平有限,因此书中必然会存在许多的不足甚至错误,欢迎广大读者批评指正!

作 者

2024年10月

目　录

第1章　大数据预处理概述……1
1.1　大数据预处理的目的和主要内容……1
1.2　本书主要使用的数据集……5
第2章　缺失值插补……12
2.1　简单统计量插补……16
2.2　聚类插补……20
2.3　模型插补……22
本章练习……25
第3章　低频分类数据处理……26
3.1　低频分类数据识别……27
3.2　低频分类数据的处理……29
本章练习……31
第4章　高偏度数据处理……32
4.1　高偏度数据的识别……32
4.2　高偏度数据的处理……34
本章练习……38
第5章　异常值处理……39
5.1　异常值的识别……39
5.2　异常值的处理……42
本章练习……49
第6章　数据配平……50
6.1　欠采样……52
6.2　过采样……54
6.3　混合采样……56
6.4　数据配平的效果和改进……56
本章练习……62

第7章　数据归约……63
7.1　变量选择……66
7.2　样本归约……76
本章练习……78
第8章　日期时间型数据处理……79
8.1　日期时间型数据的概念……79
8.2　日期时间型数据的转换与应用……81
本章练习……84
第9章　文本数据处理……85
9.1　正则表达式……85
9.2　社交媒体数据预处理……88
9.3　文本向量化……92
本章练习……98
第10章　数据离散化……99
10.1　数据分组……101
10.2　数据分类……105
本章练习……112
第11章　定性数据处理……113
11.1　多分类数据转化为哑变量……114
11.2　顺序数据转化为得分……121
11.3　定性数据的平滑化……122
本章练习……124
第12章　缺失值模式提取……125
12.1　缺失值模式的识别……126
12.2　缺失值模式的提取……127
本章练习……129
第13章　数据特征缩放……130
13.1　数据标准化……134
13.2　Min－Max缩放……141
13.3　Max－ABS缩放……146
13.4　Robust缩放……153
本章练习……159

第14章　信号数据的处理……160
14.1　信号数据的特征与类型……161
14.2　信号的平滑……165
14.3　信号的求导……170
14.4　噪音对求导的影响……174
本章练习……178
第15章　图像数据的处理……179
15.1　图像的数据结构……179
15.2　图像的卷积……182
本章练习……188
第16章　分布式平台上的大数据预处理……189
16.1　SQL语句和PyODPS工具……189
16.2　案例:异常值处理……191
16.3　案例:数据聚合处理……193

第1章　大数据预处理概述

数据的预处理是一个经常被忽视的重要环节。预处理并不能直接产生结论和信息，但科学合理的预处理过程可以有效地完善数据集的结构使之适应建模分析的需要，并在相当程度上可以提升数据的信息价值。就像在建造一栋房子之前需要对土地进行平整、固化和准备基础设施一样，数据预处理为数据分析和模型构建打下坚实的基础。未经预处理的原始数据常似一块未经雕琢的石料，它可能包含杂质、裂缝或不规则的形状，这些特征会干扰最终雕塑的质量。同样，没有经过适当清洗和整理的数据可能会导致误导性的分析结果，或者使模型无法捕捉到数据中的真实信号。

本章将在数据分析全流程的角度介绍大数据预处理的目的和主要工作，并对本书主要使用的案例数据集进行介绍。

1.1　大数据预处理的目的和主要内容

1.1.1　大数据预处理的目的

数据预处理(data preprocessing)，是指在对数据进行分析前需要对数据进行的处理工作。而所谓的“大数据预处理”，其基本思想与数据预处理没有区别，在实现过程中一方面为提高数据分析模型的效率而在数据降维、配平等方面进行重点处理，另一方面需要考虑大数据的特点而对预处理算法进行优化。

关于数据预处理，目前无论是学术界还是业界都没有非常具体的定义。通常来说，数据预处理更像是一个基于流程的概念，即在数据采集后，分析前这段时间里对数据进行的处理操作。作为一个中间过程，数据预处理却往往占据数据分析项目总工作量的60%以上，且数据预处理的效果与数据分析顺利与否直接相关，因此是每一位数据科学家都不能忽视的部分。

图 1.1　数据分析项目基本工作流程

数据预处理不是一个独立的过程，其目的与数据分析紧密相关，总结起来有如下3点：

（1）完善数据。识别并改正数据中存在的逻辑、格式等错误，对缺失值进行处理，对不平衡数据进行配平等，使数据集能够满足分析建模的质量和数据形式要求；

（2）简化数据。对变量或样本进行归约，使数据集得以简化，提高建模分析的效率；

（3）提高数据信息含量。基于分析需求，对数据特征进行缩放或对连续型数据进行离散化，提高数据信息含量，进而提高数据分析模型的准确性。

1.1.2　大数据预处理的主要内容

大数据预处理的目的是完善数据的结构和提升数据信息价值。本书的第2章至7章介绍了完善数据结构的主要方法，第8章至16章介绍了提升数据信息价值的主要方法。下面将从这两个方面梳理一下大数据预处理的主要内容。

1．数据结构完善

在现实工作场景中，分析人员获得的数据在结构上往往是不够完善的，主要情况包括：

（1）包含缺失值。即数据集中的变量在某些样本上没有相应的值。产生缺失值的原因很多，既有客观条件导致的缺失值，也有主观原因造成的缺失值。缺失值使得数据集信息含量降低，还会使一些模型无法应用，因此在预处理阶段必须进行处理。缺失值处理的主要手段就是使用最接近的值进行填补，但如何确定与缺失的数据最接近的值呢？本书将在第2章介绍缺失值填补的方法。

（2）包含低频类别。这类数据即低频分类数据，指在分类型变量中存在某些类别中包含的样本值非常少的现象。形成低频分类数据的原因或是由于数据采集时发生错误，则错误的内容成为了只包含一个样本的类别；或是由于某些类别确实仅包含了极少样本。本书将在第3章介绍低频分类数据从处理方法。

(3)具有较高的偏度。这类变量的数据分布相对其分布中心具有较高的偏离程度。经验表明使用偏度较高的数据对模型进行训练会降低模型的预测精度,因而应当在预处理阶段对其进行纠偏。本书将在第4章介绍变量偏度的观察、测量和纠正方法。

(4)包含异常值。异常值指的是变量中那些特别大或特别小的值。异常值通常是正确的数据,只是这些数据比变量中的大多数数据都特殊。但也存在由于数据错误形成异常值的情况(例如小数点位置错误)。异常值的存在会影响模型对统计规律性的表达,在以刻画数据统计规律性为目标的研究中需要识别出异常值并进行截断处理;而在其他场景下往往仅需要将异常值识别出来即可。本书将在第5章介绍相关内容。

(5)数据不平衡。在以二分类(0-1分类)变量为因变量研究中,经常会出现某一个类别样本数量远高于另一个类别的情况(即出现了低频类别),这种数据不平衡现象会严重影响模型训练和预测的准确性,因此需要在数据预处理阶段进行有效的配平,消除不良影响。本书将在第6章介绍不平衡数据配平的相关方法。

(6)数据包含过多变量或样本。当变量过多时,会导致模型过于复杂,从而模型训练时间会过长。如果能够在不过分降低数据集信息含量的基础上减少变量数量,无疑将会有效地提高建模效率。因此在预处理阶段,经常要针对变量过多的情况进行变量选择(也可以称作数据降维),在这一过程中,最需要注意的是保证数据集信息不会过多损失。如果说变量选择还是比较被人所熟知的预处理操作的话,数据的样本归约则属于比较小众的类型了。因为一般观念都认为样本数量越多越好,甚至很多观点都认为这正是大数据的最大优势。从信息含量来说,这一观点确实是合理的,但信息含量与样本量并不是呈固定比例增加,而往往是在样本量增加到一定程度后,信息含量趋近于不变。这种情况下,一味地增加样本量其实是得不偿失的。在本书第7章将介绍变量选择和样本归约的思路和方法。

2.数据信息价值提升

数据分析的目的是从数据中挖掘出有价值的信息。然而很多时候,数据中的信息藏得很深,并不容易挖掘到。在预处理环节,可以通过对变量的处理降低数据中信息挖掘的难度,从这个意义上可以说是提高了数据信息的价值。这类数据预处理主要有以下情况:

(1)日期时间型数据转换。日期与时间是一类特殊的数据,其通常以文本形式呈现,但又具有可计算的性质,因此以文本形态存储的日期和时间需要转换为日期时间型数据才能更加充分地提取其中包含的信息。本书将在第8章介绍日期时间型数据的转换和相关处理方法。

(2)文本数据处理。文本数据是指由字符组成的数据，主要用于表示语言信息，通常具有具体的语义。文本数据由一系列单词、句子和段落组成，具有非结构化的特征，通常不遵循固定格式或模型，因此需要将文本数据进行结构化转换，以适应自然语言处理等分析的需要。本书将在第9章介绍正则表达式、分词和文本向量化等文本数据处理方法。

(3)数据离散化。如果粗略地按照数据形态划分，数据可以分为定量和定性两个类型。定量数据在进行分析时往往将其看作连续型数据，从而使其具有良好的数学性质。然而在很多分析场景中，连续型数据不见得更利于信息的提取。例如学生们最为熟悉的“60分及格”，即按照60分作为标准将连续型数据“成绩”划分为“及格”和“不及格”两个类别。这时使用定性的“及格”和“不及格”形式作为变量的值，往往更利于分析。本书第10章将介绍主观和客观两种将连续型数据离散化为定性数据的方法。

(4)定性数据处理。与上一种情况类似，有时定性变量也需要转化为特定形式，例如将多分类定性变量转变为哑变量，以及将顺序型变量转变成得分变量。通过这些处理过程，可以使数据更好的适应一些模型，从而得到更加利于解释用应用的结果。本书第11章将介绍相关方法。

(5)缺失值模式提取。对于数据分析而言，缺失值并不总是意味着信息的损失，有时缺失值出现的模式也包含了有价值的信息。本书第12章介绍了缺失值模式的提取方法。

(6)数据特征缩放。对于连续型数据，其数据的尺度、范围、单位等特征是由数据获取时的测量方法、标准等确定的。但在很多分析场景中，具有不同的数据特征的变量很难纳入到同一个分析体系中。这时就需要按照一定标准对数据特征进行缩放，消除数据间的特征差异，同时又保留每个变量自身的分布特点。本书第13章介绍了数据中心化、数据标准化、Min-Max缩放、Max-ABS缩放和Robust缩放五种方法，足以应对大多数数据特征缩放的需求。

(7)信号数据处理。信号是表示消息的物理量，信号数据通常是指将模拟信号转换后得到的数字形式的信号数据。在对这类数据进行分析前通常需要通过一定的预处理以去除噪音，本书的第14章将介绍相应的方法。

(8)图像数据处理。图像是由光线强度和颜色在空间分布上的信息表示，图像数据通常是指通过传感器(如数码相机)捕捉并将模拟视觉信号转换为数字形式的数据。本书的第15章将介绍图像的预处理方法。

(9)分布式平台上的大数据预处理。分布式平台能处理超出单机能力的大数据，通过多节点存储和并行处理可以有效管理大数据，提供弹性扩展、高容错性的特性并实现降本增益。目前，分布式平台已经成为企业的基本数据存储和分析环境。本书第16章介绍了在分布式平台实施数据预处理需要进行的相关操作。

本书包含大量案例，使用Python语言在jupyter notebook环境中编写相关代码，请读者自行安装并配置Python3以上的编程环境。

1.2 本书主要使用的数据集

1.2.1 保险公司理赔数据集

保险公司理赔数据集是一个经过脱敏和截取处理的真实数据集，包含了2009年9月至2015年10月某保险公司的理赔数据，共有6个变量，401959行数据。该数据集保存在文件“loan.csv”中，下面代码提供了使用Pandas库中的read_csv()函数读取该数据集的代码。

```
import pandas as pd
data = pd.read_csv("loan.csv",header=0,encoding="gb2312")
```

表1.1 保险公司理赔数据集

age	gender	amount	address	channel	date
45	男	258852.386	安徽省合肥市长丰县	个险	2015/10/1
25	女	29281.14	湖北省黄石市大冶市	个险	2015/10/1
35	男	110266.8541	安徽省安庆市望江县	个险	2015/10/1
51	女	21710.58464	辽宁省抚顺市新宾满族自治县	个险	2015/10/1
44	男	125923.2828		个险	2015/10/1
41	男	35522.862	山东省菏泽地区郓城县	个险	2015/10/1
42	女	92227.84011	山西省晋中地区灵石县	个险	2015/10/1
45	女	52468.4674	山西省运城地区临猗县	_NULL_	2015/10/1
43	男	53025.93		个险	2015/10/1
58	女	34551.37611		银行邮政	2015/10/1
26	女	75406.07124	吉林省四平市双辽市	个险	2015/10/1
…	…	…	…	…	…

表1.1显示了保险公司理赔数据集的某几行数据，数据集包含的6个变量分别为：

- age：被保险人年龄；
- gender：被保险人性别；
- amount：出险后的理赔额；
- address：被保险人所属地区（一般包括省、市、县三级）；
- channel：保单投保渠道；
- date：发生日期。

1.2.2 二手车数据集

"二手车数据集(Used Cars Dataset)[①]"来自美国著名的免费广告网站Craigslist。人们通过在这个网站上发布帖子来售卖自己的二手车。该数据集中的数据完全是由网站用户自行填写的，因此存在大量诸如不规范格式、异常值、低频分类、不平衡数据等缺陷，在本书的多数章节均会使用到。

该数据集保存在文件"craigslistVehiclesFull.csv"中。使用Pandas库中的read_csv()函数可以读取。

```
import pandas as pd
car_data = pd.read_csv("craigslistVehiclesFull.csv",header=0)
```

表1.2展示了该数据集的14行数据和部分变量。实际上这个数据集包含了26个变量和超过170余万条数据，由于排版限制，表中只展示了在本书的讲解中会用到的一些变量，读者还可以使用这个数据集中的其他变量进行进一步练习。

表1.2 二手车数据集（部分变量和样本）

manufacturer	make	price	odometer	fuel
dodge	challenger se	11900	43600	gas
	fleetwood	1515		gas
ford	f—150	17550		gas
ford	taurus	2800	168591	gas
	2001 Grand Prix	400	217000	gas
gmc	yukon	9900	169000	gas
jeep	patriot high altitude	12500	39500	gas
bmw	3 series	3900	0	gas

① 数据链接：https://www.kaggle.com/austinreese/craigslist—carstrucks—data.

续表

manufacturer	make	price	odometer	fuel
	Ebike	2700		electric
ford	excursion	12995	236000	gas
chev	express 2500 van	4000	138000	gas
chevrolet	2500 hd	13000	350000	diesel
hyundai	sonata	21695	44814	gas
chevrolet	camaro	18000		gas
hyundai	santa fe xl	29000	31500	gas
chev	cobolt	4500	103456	gas
honda	cr—v exl	9865	193599	gas
ram	1500 laramie	41896	38578	gas
acura	mdx navi	44678	37230	gas
bmw	x1 28i	32546	39555	gas
…	…	…	…	…

表1.2中的变量含义分别为：

- manufacturer:车辆生产商；
- make:车辆型号；
- price:车辆价格,单位为美元；
- odometer:车辆行驶总里程,单位为英里；
- fuel:车辆燃料类型,包括汽油(gas)、柴油(diesel)、电(electric)等。

1.2.3 信用卡欺诈检测数据集

“信用卡欺诈检测数据集(credit card fraud detection)[①]”显示了2013年9月的某两天在欧洲的持卡人通过信用卡进行的交易。在总共284807笔交易中,有492笔被标记为欺诈交易(Class=1),其余被标记为正常交易(Class=0)。对于信用卡公司来说,如果能够及时识别出某笔交易为欺诈交易,则可以中断该交易的进行,从而在保护信用卡持卡人利益的同时也减少自身的损失。

出于脱敏的目的,该数据集中多数变量都是由原始变量经过主成分分析

① 数据链接:https://www.kaggle.com/mlg—ulb/creditcardfraud.

(PAC)转换而成，这样的变量共有28个，用V1，V2，…，V28表示(见表1.3)。保持原始状态的变量有三个，分别为Time、Amount和因变量Class。下述代码中包含了读取数据集的相关代码。

```
import pandas as pd
credit = pd.read_csv("creditcard.csv",header=0,encoding="utf8")
```

表 1.3　信用卡欺诈检测数据集

Time	V1	V2	…	V27	V28	Amount	Class
0	−1.360	−0.073	…	0.134	−0.021	149.62	0
0	1.192	0.266	…	−0.009	0.015	2.69	0
1	−1.358	−1.340	…	−0.055	−0.060	378.66	0
1	−0.966	−0.185	…	0.063	0.061	123.50	0
2	−1.158	0.878	…	0.219	0.215	69.99	0
2	−0.426	0.961	…	0.254	0.081	3.67	0
4	1.230	0.141	…	0.035	0.005	4.99	0
7	−0.644	1.418	…	−1.207	−1.085	40.80	0
7	−0.894	0.286	…	0.012	0.142	93.20	0
9	−0.338	1.120	…	0.246	0.083	3.68	0
10	1.449	−1.176	…	0.043	0.016	7.80	0
…	…	…	…	…	…	…	…

“信用卡欺诈检测数据集”存在着典型的不平衡数据情况，同时也存在异常值等数据缺陷。

1.2.4　波士顿房价数据集

波士顿房价数据集包括14个变量，506个样本，取自卡内基梅隆大学维护的StatLib库，是众多教材、论文选用的示例数据。该数据被内置在代码库scikit-learn中，数据集的读取方法如下：

```
import pandas as pd
from sklearn.datasets import load_boston
# 使用load_boston().feature_names获得变量名
# 使用load_boston().data获得数据并转化为Pandas数据框
# 使用load_boston().target获取因变量数据
boston = pd.DataFrame(load_boston().data,
columns = load_boston().feature_names)
boston["target"] = load_boston().target
```

也可以通过直接读取数据文件“boston.csv”来读入该数据集(见表1.4)。

```
boston = pd.read_csv("boston.csv",header=0)
```

表1.4　波士顿房价数据集

序号	CRIM	ZN	INDUS	CHAS	NOX	RM	AGE
0	0.00632	18	2.31	0	0.54	6.58	65.20
1	0.02731	0	7.07	0	0.47	6.42	78.90
2	0.02729	0	7.07	0	0.47	7.19	61.10
3	0.03237	0	2.18	0	0.46	7.00	45.80
4	0.06905	0	2.18	0	0.46	7.15	54.20
…	…	…	…	…	…	…	…
501	0.06263	0	11.93	0	0.57	6.59	69.10
502	0.04527	0	11.93	0	0.57	6.12	76.70
503	0.06076	0	11.93	0	0.57	6.98	91.00
504	0.10959	0	11.93	0	0.57	6.79	89.30
505	0.04741	0	11.93	0	0.57	6.03	80.80

序号	DIS	RAD	TAX	PTRATIO	B	LSTAT	target
0	4.09	1	296	15.30	396.90	4.98	24.00
1	4.97	2	242	17.80	396.90	9.14	21.60
2	4.97	2	242	17.80	392.83	4.03	34.70
3	6.06	3	222	18.70	394.63	2.94	33.40
4	6.06	3	222	18.70	396.90	5.33	36.20
…	…	…	…	…	…	…	…
501	2.48	1	273	21.00	391.99	9.67	22.40
502	2.29	1	273	21.00	396.90	9.08	20.60
503	2.17	1	273	21.00	396.90	5.64	23.90
504	2.39	1	273	21.00	393.45	6.48	22.00
505	2.51	1	273	21.00	396.90	7.88	11.90

1.2.5 石脑油光谱数据

石脑油(naphtha)是石油产品之一，又叫化工轻油、粗汽油，是以原油或其他原料加工生产的用于化工原料的轻质油，主要用作化工原料。在数据文件“naphtha.csv”①中存储了来自某化工企业的石脑油样品的光谱数据，这是一种典型的信号数据。使用下面代码可以读取该数据集(见表1.5)。

```
import pandas as pd
naphtha = pd.read_csv("naphtha.csv",header=0,index_col="ID")
```

表 1.5 石脑油光谱数据

ID	3001.0	3004.9	3008.7	…	8995.3	8999.2
Spe30633	3.000000	3.000000	3.000000	…	−0.005210	−0.005340
Spe30634	3.000000	3.000000	3.000000	…	−0.004273	−0.004427
Spe30687	3.000000	3.000000	3.000000	…	−0.002377	−0.002507
Spe30688	3.000000	3.000000	3.000000	…	−0.002151	−0.002294
Spe30689	3.000000	3.000000	3.000000	…	−0.001430	−0.001565
Spe30690	3.000000	3.000000	3.000000	…	−0.002325	−0.002440
…	…	…	…	…	…	…

1.2.6 超市销售数据

数据文件“supermarket.csv”②存储了289家超市门店共20余万条销售数据，共四个变量，通过下面代码可以读取该数据集(见表1.6)。

```
import pandas as pd
market = pd.read_csv("supermarket.csv",header=0,index_col="超市ID")
```

① 该数据集来自某石油化工企业的研究项目，数据为该企业2020年的多批次石脑油样品在实验室中的测定结果。包括样品的近红外光谱，测量了3000−9000波数下的吸光度，同时测量了样品的馏点、蒸发温度等理化性质。数据文件“naphtha.csv”为截取的部分近红外光谱数据，仅供用作本书教学案例。

② 该数据集来自蚂蚁商业联盟(China Ant Alliance, CAA)。蚂蚁商业联盟是由数百家区域性零售商组成的以公司化运作的零售资源联盟组织，成员企业遍及全国，目前已拥有超过100家成员企业，年营业额合计近1000亿元，已经成为覆盖全国的零售资源联盟组织。数据文件“supermarket.csv”为蚂蚁商业联盟经过脱敏的部分数据，仅供用作本书教学案例。

表 1.6　超市销售数据

超市 ID	日期	超市类型	总销售额	总订单数
1	2021/1/4	商圈便利	44191.5	2080
1	2021/1/5	商圈便利	45319.6	2132
1	2021/1/6	商圈便利	34923.3	1742
1	2021/1/8	商圈便利	35111.6	1962
1	2021/1/12	商圈便利	40396.3	2194
…	…	…	…	…
289	2023/8/25	NaN	42487.68	14
289	2023/8/26	NaN	221.2	2
289	2023/8/29	NaN	246.59	3
289	2023/8/30	NaN	92597.79	44
289	2023/8/31	NaN	16792.92	12

第2章　缺失值插补

在真实的数据环境中，数据集存在缺失值是一种常态现象，没有缺失值才是较为少见的情况。因此几乎每次数据预处理工作都会包含缺失值处理这一步骤。

缺失值(missing value)是指在对数据进行采集时由于主观或客观原因没有成功采集的数据。在数据集中，一般将缺失值同样视为一个样本值。广义上看，数据集中缺失值的形态有两种，一种为整个样本(行)的缺失，又称为数据丢失，这种缺失一般是由于数据采集设备的故障导致，其检测和处理应当在数据获取和存储阶段进行，一般不作为数据预处理需要考虑的问题，因而本书不予讨论；另一种缺失值的情况为变量(列)中某些值的缺失，本书将对这种情况的处理方法进行介绍。

产生缺失值的原因很多，多与数据采集方式有关，难以进行完善的分类。本书介绍几种产生缺失值的原因，虽不完善，但可供读者参考。机械原因：在数据存储过程中，由于设备故障造成存储失败；人为原因：在数据采集、记录过程中由于人为疏忽造成录入失败。上述两个原因具有随机特性，因而无法完全避免。客观原因：在数据采集过程中，由于一些客观原因造成的数据获取失败，例如在医学研究中被观察的患者因病去世，或被调查者因为没有固定电话而无法提供固定电话号码等；主观原因：在数据采集中，由于观察或调查对象主观原因造成的数据获取失败。例如被调查者拒绝回答敏感问题，社会学研究中观察对象主动中止某种行为等。

一般认为，缺失值会对建模分析产生不利影响，主要包括造成模型解释能力下降、使某些建模算法无法运行和使数据集表现出来的不确定性增大等。但是在一些分析场景下，由于数据的缺失存在某种规律，因而可能包含了有价值的信息。例如在研究信用卡持卡人的数据时，会发现一些持卡人的某些信息发生缺失，如果这种缺失存在某种特征，且这一特征还与持卡人的一些特定行为(逾期还款，恶意透支等)具有显著的联系，则缺失信息同样可以作为预测这些行为的因素，从而同样具有分析价值。

对于缺失值，最简单的处理方法莫过于将包含缺失值的样本直接删除。但是这样做会产生非常多的问题。对于抽样数据，删除缺失值会导致样本数据分布被改变,从而影响其代表性。对于拥有较多变量的数据集,如果包含缺失值的变量(列)较多,则样本(行)中含有缺失值的可能性会大大增加,此时删除包含缺失值的样本会造成数据集中的大量数据被删除,从而损失大量信息。例如在本章用到的二手车数据集中,样本总数为172万余个,而其中完全不包含缺失值的样本仅有14万余个,占样本总数的8.26%,如果仅保留不含缺失值的样本,则只能放弃绝大多数数据。

由于删除缺失值会造成诸多问题,因此使用合理的方法对缺失值进行填补就成为缺失值处理的主要形式。缺失值填补的主要思路有两个:第一个思路是利用包含缺失值的变量自身的信息进行填补,主要形式为使用该变量非缺失部分构造简单统计量,并用该统计量填补缺失部分;第二个思路是同时利用包含缺失值的变量自身的信息和其他变量的信息,建立聚类模型或机器学习模型,基于模型对缺失值变量的预测结果进行填补。这两个思路前者较为简单高效,但对于所有缺失值均会填补相同内容,当缺失值较多时效果不好;而后者可以利用变量间的联系推测缺失值的真实内容,为不同缺失值填补不同内容,从而更加精准,但缺点是占用运算资源较多,当数据集较大时效率较低。在本章中,为了能够观察并比较不同方法的填补效果,在演示时使用了在非缺失数据集中随机构造缺失值的方式。这样做允许我们检验所填补的内容与实际值之间的差异,从而比较不同方法的填补准确度。

不同系统环境中缺失值表示形式不同。在数据库系统中一般为Null,在R语言中为NA或NaN。在Python中默认的缺失值形式为None,在Numpy或Pandas中为NaN(Not a Number)。由于在Python环境中一般都使用Pandas进行数据的管理,因而NaN是本书中的缺失值形式。需要注意的是,在Pandas中将缺失值NaN视为浮点型(float)数值,因此若某整数型(int)变量出现了缺失值,则该变量会被强制转换为浮点型,从而可能会导致一些错误。但从Pandas 0.24版本以后,新增了数据类型“Int64”,可以令整型数据也包含缺失值。特别需要说明的是,空字符串""不是缺失值,空字符串其实也是字符串类型的数据实体,只是其中没有字符而已,而缺失值是没有数据类型的非实体。

本章使用了scikit-learn内置的波士顿房价数据集,和二手车数据集来展示缺失值插补的过程和效果,读者可以使用如下代码读入这两个数据集[①]:

```
# 读入波士顿房价数据集
boston = pd.read_csv("boston.csv",header=0)
```

① 本书所有代码都默认将数据文件和代码文件存储于同一文件夹中,若数据文件存储于另一文件夹,请读者自行修改文件路径信息。

```
# 读入二手车数据集
car_data_raw = pd.read_csv("craigslistVehiclesFull.csv",header=0)
```

本章的示例代码中会用到 Pandas、Numpy、scikit-learn 和 random 代码库：

```
import pandas as pd
import numpy as np
import random
from pandas.api.types import is_float_dtype
from sklearn.datasets import load_boston
from sklearn.cluster import KMeans
from sklearn.linear_model import LinearRegression
from sklearn.ensemble import GradientBoostingRegressor
from sklearn.metrics import mean_squared_error
```

波士顿房价数据集本身数据质量较好，没有缺失值。为了进行操作演示，笔者对数据集中的变量 LSTAT 进行处理，随机生成了 10 个缺失值，供后续各种缺失值填补方法的演示及评估填补效果所用。

```
sample = random.sample(range(boston.shape[0]),10)
true_value = boston.loc[sample,"LSTAT"] # 保存缺失值的真值用于验证
boston.loc[sample,"LSTAT"] = np.nan # 令"LSTAT"随机产生10个缺失值
boston_raw = boston.copy() # 建立副本保存缺失值原始状态
true_pd = pd.DataFrame(data={"True_LSTAT":true_value})
# 显示包含缺失值的部分数据集
true_pd = boston.iloc[true_value.index,-8:-1].merge(true_pd,how="left",
                        left_index=True,right_index=True)
print("缺失值情况:\n%s" % round(true_pd,2))
```

缺失值情况：

	AGE	DIS	RAD	TAX	PTRATIO	B	LSTAT	True_LSTAT
249	17.5	7.83	7.0	330.0	19.1	393.74	NaN	6.56
104	90.0	2.42	5.0	384.0	20.9	392.69	NaN	12.33
389	98.9	1.73	24.0	666.0	20.2	396.90	NaN	20.85
176	47.2	3.55	5.0	296.0	16.6	393.23	NaN	10.11
98	36.9	3.50	2.0	276.0	18.0	393.53	NaN	3.57
77	45.8	4.09	5.0	398.0	18.7	386.96	NaN	10.27
204	31.9	5.12	4.0	224.0	14.7	390.55	NaN	2.88
434	95.0	2.22	24.0	666.0	20.2	100.63	NaN	15.17
119	65.2	2.76	6.0	432.0	17.8	391.50	NaN	13.61

对波士顿房价数据集中的缺失值进行概览，可以看到变量LSTAT的缺失值数量为10，其他变量则没有包含任何缺失值。

```
#波士顿房价数据集缺失值概览
missing_boston = boston.isna().sum()
print("变量缺失值计数:\n%s" % missing_boston))
```

```
变量缺失值计数:
CRIM        0
ZN          0
INDUS       0
CHAS        0
NOX         0
RM          0
AGE         0
DIS         0
RAD         0
TAX         0
PTRATIO     0
B           0
LSTAT       10
Target      0
dtype: int64
```

本章还应用了二手车数据集 ，这个数据集来自著名的免费广告网站Craigslist。人们通过在这个网站上发布帖子来售卖自己的二手车。这个数据集中包含了26个变量和超过170万条数据。对该数据集进行缺失值概览可以发现该数据集中大多数变量都包含缺失值，且缺失值数量较大。

```
# 二手车数据集缺失值概览
missing_car = car_data_raw.isna().sum()
print("变量缺失值计数:\n%s" % missing_car)
```

```
变量缺失值计数

url                    0
city                   0
price                  0
year                6315
manufacturer      136414
make               69699
condition         700790
```

```
cylinders                    691291
fuel                          10367
odometer                     564054
title_status                   2554
transmission                   9022
vin                         1118215
drive                        661884
size                        1123967
type                         702931
paint_color                  695650
image_url                         1
lat                               0
long                              0
county_fips                   58833
county_name                   58833
state_fips                    58833
state_code                    58833
state_name                        0
weather                       59428
dtype: int64
```

2.1 简单统计量插补

使用简单统计量插补的思想是：基于变量本身的信息，计算该变量非缺失部分的简单统计量（一般是均值、中位数或众数），再以该统计量作为缺失部分的替代值。这种方法的优点是简单高效，在 Pandas 中使用 Series.fillna() 函数即可完成，是缺失值插补的常用手段，特别是当缺失值数量不多时效果较好。但是这种方法的缺点也很明显，其使用相同内容插补所有缺失值，插补结果与实际情况差异较大，因此当缺失值数量较多时，这种插补方法会对模型的训练产生不利影响。

2.1.1 使用均值进行插补

下面代码显示了使用均值对波士顿房价数据集中的变量 LSTAT 的缺失值进行插补的方法，具体操作要点为：对序列 boston["LSTAT"] 使用 Series.fillna() 方法进行插补，插补内容为该序列的均值 boston["LSTAT"].

mean()。

```
# 对波士顿房价数据集使用平均值插补
boston=boston_raw.copy() # 复制数据集
boston_fill = boston["LSTAT"].fillna(boston["LSTAT"].mean())
print("均值插补效果:\n%s" % pd.DataFrame(data={"True":true_value,
                         "Fill":boston_fill[true_value.index]}))
print("均值插补的MSE: %s" % mean_squared_error(y_true=true_value,
                         y_pred=boston_fill[true_value.index]))
```

均值插补效果:

	True	Fill
249	6.56	12.708347
104	12.33	12.708347
389	20.85	12.708347
176	10.11	12.708347
98	3.57	12.708347
77	10.27	12.708347
204	2.88	12.708347
434	15.17	12.708347
119	13.61	12.708347
229	3.76	12.708347

均值插补的MSE:38.39801797509106

从代码运行结果可以观察到,对于所有的缺失值都用均值12.708347进行了插补。为评估缺失值插补效果,可利用预先保留的变量LSTAT缺失部分的真值true_value构造了均方误差(mean square error,MSE)作为度量效果的指标,其计算公式为:

$$MSE = \frac{\sum_{i=1}^{m}(\hat{x}_i - x_i)^2}{m}$$

式中,$i=1,2,\cdots,m$ 表示m个缺失值,$\hat{x}_i$为第i个缺失值的插补内容,x_i为第i个缺失值的真值。在本例中,使用均值进行缺失值插补得到的MSE为38.398(保留三位小数)。

需要说明的是,在实际进行缺失值处理时,不可能存在缺失值的真值,因此也就根本无法计算均方误差。出于向读者演示不同插补方法的效果差异的目的,笔者在本章对波士顿房价数据集随机生成缺失值,因此其缺失部分的真值已知,从而可以构造均方误差来评估缺失值插补方法的效果。在缺失值处理的实战环境中，如果将获取缺失值插补内容视为一个机器学习任务的话，该任务应当是无监督的机器学习任务。

2.1.2 根据变量数据类型选择不同的统计量

前一部分介绍了使用均值对缺失值进行插补的方法。但是均值的计算要求变量的数据类型必须是定量的，如果变量不是定量型数据则需要使用其他统计量进行缺失值插补。例如，对于整数型(int)变量的缺失值，使用均值(mean)或中位数(median)插补均可；对于浮点型(float)变量的缺失值，则仅能使用均值插补；最特殊的是对字符串型(string)变量的缺失值，需要使用众数(mode)进行插补。

二手车数据集中包含了多种数据类型，在下面代码中展示了根据变量数据类型选择不同的统计量对缺失值进行插补的过程。

```
# 根据情况选择不同指标进行插补，使用二手车数据集
car_data = car_data_raw.copy() # 建立数据集副本
missing_car = car_data.isna().sum()  # 计算每个变量缺失值的数量
for i in missing_car.index:
    if missing_car[i]>0:
       try:
          car_data[i] = car_data[i].astype("Int64")
          car_data[i] = car_data[i].fillna(car_data[i].median())
       except:
          if is_float_dtype(car_data[i]):
            car_data[i] = car_data[i].fillna(car_data[i].mean())
          else:
            car_data[i] = car_data[i].fillna(car_data[i].mode()[0])
print("缺失值计数:\n%s" % car_data.isna().sum())
```

```
缺失值计数:
url             0
city            0
price           0
year            0
manufacturer    0
make            0
condition       0
cylinders       0
fuel            0
```

```
odometer        0
title_status    0
transmission    0
vin             0
drive           0
size            0
type            0
paint_color     0
image_url       0
lat             0
long            0
county_fips     0
county_name     0
state_fips      0
state_code      0
state_name      0
weather         0
dtype: int64
```

由于Pandas中的缺失值属于float型数据,因此如果int型变量含有缺失值,就会被转换为float型,从而导致不能正确判断变量类型。Pandas 0.24版本新增了类型“int64”,可以令int型数据包含缺失值,因此可以使用Series.astype("Int64")来尝试将int型变量转换为int64型。这一操作若能成功,则说明该变量为int型,此时需要用中位数插补缺失值;若发生错误,则表示该变量不是包含缺失值的int型变量,此时需要再进一步判断变量是float型还是string型,若是float型,则使用均值插补缺失值;若是string型,则使用众数插补缺失值。通过代码运行结果可以看到,经过插补后消除了所有缺失值。上述操作的具体步骤为:

第一步,建立数据集的副本car_data;

第二步,计算car_data中每个变量缺失值的数量,保存在序列missing_car中;

第三步,以i为循环变量,missing_car的索引(即变量名)为循环变量序列进行for循环,每个循环使用if语句判断若当前i所对应的变量包含缺失值,即missing_car[i]>0成立,则进行如下操作:

(a)使用try:语句首先尝试将当前变量的数据类型转化为长整型(Int64),并使用中位数插补(通过调用方法Series.median()),若成功则进入下一个循环周期，若不成功则进入except:语句部分；

(b)使用except:语句，在转换长整型不成功时，检测其是否为浮点型。使用if语句以is_float_dtype()的结果为条件，当条件成立时意味着当前变量为浮点型，则使用均值插补缺失值，若不成功则使用众数插补缺失值(通过调用方法Series.mode())。

使用简单统计量对缺失值进行插补的方法简单高效，但因为使用相同内容填充所有缺失值，因此在缺失值较多时存在与真实情况误差较大的弊端。为了缓解这一弊端，在本节后面部分将以需要插补的变量为因变量，其他变量为解释变量建立模型，使用未缺失的部分数据对模型进行训练，并基于对缺失部分的预测结果进行插补。

2.2 聚类插补

前文介绍了使用简单统计量对缺失值进行插补的方法，这种方法用相同内容插补所有缺失值，势必会产生较大的插补误差。为了改善插补效果，本节介绍基于K-means聚类模型对缺失值进行插补的方法。

K-means聚类又称为快速聚类，是一种需要事先确定类别个数的聚类方法。K-means聚类的思想是从某一个分类状态开始，不断调整类中心的位置，直至找到满足要求的类别划分形式。在聚类的开始阶段，需要人为给定类别的个数，并为每个类别指定一个初始类中心，即“种子”。给定了种子后，需要计算每个样本(包括作为种子的样本)到各个种子的距离，并按照距离远近将样本分类。所有样本都分好类后，根据每一类所包含的样本计算新的类中心(种子就没用了)，再利用新的类中心进行分类。如此迭代，直到迭代次数达到某一给定标准或两次迭代类中心变化不大为止，此时类中心稳定下来，从而也就形成了最终的聚类结果。

使用K-means聚类可以将全部样本分成若干个组，如果假定包含缺失值的变量在不同分组具有不同的取值，则可以使用该变量非缺失部分在每个分组的均值为相应位置的缺失值进行插补。

这种方式仍然使用均值对缺失部分进行插补，因此可以视为对使用简单统计量进行插补方法的改进，其改进之处在于对于不同分组使用了该组数据的组内均值。下面代码展示了这一过程。

```
# 聚类插补，使用波士顿房价数据集
boston = boston_raw.copy()
# 初始化k-means模型，设置类别数为5
k_means_model = KMeans(n_clusters=5)
```

```
# 去掉包含缺失值的变量再进行模型拟合,并计算每条样本所属类别
cluster = k_means_model.fit_predict(boston.drop("LSTAT",axis=1))
# 针对每组,分别用平均值填插补失值
cluster_fill = boston["LSTAT"].groupby(by=cluster).apply(lambda
                                         x:x.fillna(x.mean()))
print("聚类插补效果:\n%s" % pd.DataFrame(data={"True":true_value,
                          "Fill":cluster_fill[true_value.index]}))
print("聚类插补的MSE: %s" % mean_squared_error(y_true=true_value,
                           y_pred=cluster_fill[true_value.index]))
```

```
聚类插补效果:
               True        Fill
249            6.56    9.521445
104           12.33   12.277872
389           20.85   17.844554
176           10.11    9.521445
98             3.57    9.521445
77            10.27   12.277872
204            2.88    9.521445
434           15.17   21.179118
119           13.61   12.277872
229            3.76    9.521445
聚类插补的MSE: 17.279033474185905
```

在上述代码中,基于 sklearn.cluster 中的 KMeans() 函数,使用除变量 LSTAT 外的其他变量进行分类(类别数设定为 5),然后按不同分组用变量 LSTAT 在各组内的均值进行缺失值插补。在代码中还用到了 Series.groupby()、Series.apply() 等函数和方法以及 lambda 表达式,lambda 表达式是一个匿名函数,其功能相当于一个函数,但是没有函数名,也不需要像真正的函数那样用比较繁琐的步骤来构造。因此可以把 lambda 表达式看作临时生成的一个"一次性"函数,用完即抛弃。这些方法相关的知识比较基础,请读者自行查询相关资料,这里不再赘述。

从代码运行结果可以看到,对于不同的缺失值,插补的内容出现了差异,但是属于同一组的缺失值仍然使用相同的内容插补,例如第 249、176、98、204 和 229 号样本均使用 9.521445 进行插补。使用聚类插补使得 MSE 达到了 17.279(保留三位小数),远低于全部使用均值时的 38.398,因此可以说至少在这次缺失值

插补中，使用聚类插补的效果明显好于全部使用均值插补。

2.3 模型插补

上一节介绍了基于K-means聚类模型对缺失值进行插补的方法。这种方法改善了插补的效果，但“包含缺失值的变量在不同分组具有不同取值”这一假设过强，且在同一分组内仍然使用了相同内容进行插补，因此该方法所取得的插补效果仍然有很大改善空间。

本节将介绍基于线性回归模型和梯度提升树模型(gradient boosting decision tree，下文简称GBDT模型)对缺失值进行插补的方法。无论是线性回归还是GBDT，都可以纳入有监督机器学习(supervised machine learning)框架进行分析。以需要插补的变量为因变量，其他变量为自变量，利用因变量非缺失部分对应的样本对模型进行训练，然后用模型对缺失部分的数据进行预测。

2.3.1 使用线性回归模型进行插补

线性回归是最经典的统计模型，其本质可以描述为将因变量的取值分解为自变量的线性组合与随机扰动的和。模型形式为：

$$y=\beta_0+\beta_1x_1+\cdots+\beta_px_p+\mu$$

将y的缺失部分所对应的$x_1,\cdots,x_p$值代入上述方程，所得到的$\hat{y}$既可以用于缺失值的插补。下面代码展示了线性回归插补的过程，具体步骤如下：

第一步，建立副本数据集boston；

第二步，调用数据框的方法DataFrame.dropna()，设定参数subset为包含缺失值的变量["LSTAT"]，从而获得不包含缺失值的数据集作为模型的训练集train；

第三步，使用scikit-learn库的LinearRegression()模块，调用其fit()方法建立线性回归模型reg，设定因变量为train中的变量LSTAT，设定自变量为除因变量外的其他变量；

第四步，使用线性回归模型reg的方法predict()在包含缺失值的数据集boston上进行预测；

第五步，使用序列的Series.fillna()方法，利用预测值插补缺失值。

```
# 线性回归模型插补，使用波士顿房价数据集
boston = boston_raw.copy()
# 使用无缺失的数据作为训练数据
```

```
train = boston.dropna(subset=["LSTAT"])
# 初始化一个线性回归模型
r = LinearRegression()
# 令含有缺失值的变量LSTAT作为因变量,其余变量作为自变量拟合模型
r.fit(X=train.drop("LSTAT",axis=1),y=train["LSTAT"])
# 使用模型预测变量LSTAT的全部数据
predict = pd. Series(r. predict(boston. drop("LSTAT", axis=1)), index=
boston.index)
# 使用模型预测值填插补失值
r_fill = boston["LSTAT"].fillna(predict)
print("回归模型插补效果:\n%s"%pd.DataFrame(data={"True":true_value,
                          "Fill":r_fill[true_value.index]}))
print("回归模型插补的MSE: %s"%mean_squared_error(y_true=true_value,
                          y_pred=r_fill[true_value.index]))
```

```
回归模型插补效果:
            True           Fill
249          6.56       4.766427
104         12.33      14.013134
389         20.85      21.975557
176         10.11      10.820094
98           3.57      -1.924128
77          10.27      10.912859
204          2.88      -1.640354
434         15.17      20.849729
119         13.61      14.061273
229          3.76       5.293284
回归模型插补的MSE: 9.366719529198878
```

从代码执行结果中读者可以观察到,对于每一个缺失值,都使用了一个不同的模型预测值进行了填充。相应地,使用线性回归模型进行缺失值插补的MSE进一步降低为9.367(保留三位小数),低于使用K-means聚类模型时的17.279。

使用线性回归模型进行缺失值插补尽管在效果上取得了进一步的提升,但是应当看到,线性回归模型作为一个参数化模型,并且使用了最为简单的线性形式进行模型构建,因此当自变量与因变量的关系模式较为复杂时,模型对于数据趋势的拟合程度是不足的。在这种情况下可以考虑建立非参数的模型来对缺失值进行插补,当然这会以增大运算量为代价。

2.3.2 使用GBDT模型进行插补

GBDT 模型是一种采用Boosting思想的集成算法模型。其思想是以决策树(CART树)为基学习器,对数据进行多轮迭代式的学习(即使用数据训练模型),在每一轮学习后都基于损失函数(即预测误差)最小的原则对下一轮学习进行优化,经过多轮迭代后得到最终预测结果。因在优化时使用了损失函数的负梯度来拟合本轮损失的近似值,又是以CART树作为基学习器,所以被称为梯度提升树。

下面代码展示了使用GBDT模型对缺失值进行插补的过程,其过程与使用线性回归模型时非常类似，首先使用 sklearn. ensemble 中的 GradientBoostingRegressor()建立GBDT模型,继而使用fit()函数进行拟合,最后使用predict()函数得到预测值并进行插补。

```
# GBDT模型插补,使用波士顿房价数据集
boston = boston_raw.copy()
# 使用无缺失的数据作为训练数据
train = boston.dropna(subset=["LSTAT"])
# 初始化一个GBDT模型
GBDT_model = GradientBoostingRegressor()
# 令含有缺失值的变量LSTAT作为因变量,其余变量作为自变量拟合模型
GBDT_model.fit(X=train.drop("LSTAT",axis=1),y=train["LSTAT"])
# 使用模型预测变量LSTAT的全部数据
predict = pd.Series(GBDT_model.predict(boston.drop("LSTAT",axis=1)),
index=boston.index)
# 使用模型预测值插补缺失值
GBDT_fill = boston["LSTAT"].fillna(predict)
print("GBDT插补效果:\n%s"% pd.DataFrame(data={"True":true_value,
                      "Fill":GBDT_fill[true_value.index]}))
print("GBDT插补的MSE:%s" % mean_squared_error(y_true=true_value,
                      y_pred=GBDT_fill[true_value.index]))
```

```
GBDT模型插补效果:

                True          Fill
249             6.56      6.295939
104            12.33     15.079178
389            20.85     23.457118
176            10.11     10.663713
98              3.57      3.957895
```

```
77              10.27        10.619566
204              2.88         3.183320
434             15.17        21.904348
119             13.61        13.114168
229              3.76         4.682928
GBDT模型插补的MSE:6.154512208518574
```

读者可以观察到在本例中使用GBDT模型进行缺失值插补的MSE进一步降低为6.155(保留三位小数),说明对于本例来讲,使用GBDT模型进行缺失值插补的效果最好。需要指出的是,用哪种缺失值插补方法效果好并不是一定的,取决于具体的情况。请读者设想一个极端情况,即包含缺失值的变量其本身数据如果就是固定的,那无疑使用均值作简单插补是最好的方式;如果包含缺失值的变量与其他变量的关系本身就是线性的,那使用线性回归模型进行缺失值插补的效果就可能比GBDT模型要好[①]。因此,使用哪种方法对缺失值进行插补更合理,还需要读者根据具体情况进行判断。

本章练习

练习内容:使用本章所介绍的方法对以下数据集进行缺失值处理:

数据集名称:

Used cars for sale in Germany and Czech Republic since 2015

数据集介绍:该数据集是在2015年后的一年多时间里从捷克共和国和德国的几个网站上抓取的二手车销售的数据。这个数据集存在大量缺失值、错误数据等问题。数据收集者的研究目的是通过对该数据集的分析与建模来预测二手车的价格,进而分析二手车价格的决定因素。

数据集链接:

https://www.kaggle.com/mirosval/personal-cars-classifieds.

① 在本例中笔者使用随机方式令波士顿房价数据集中的变量LSTAT产生了10个缺失值,由于随机得到的缺失值位置不同,因此在某些情况下,笔者发现使用线性回归模型插补得到的MSE要低于使用GBDT模型。

第3章　低频分类数据处理

在进行数据建模时，数据科学家都喜欢那种“规矩”数据，这类数据都服从如正态分布[①]那样的已知分布形式，从而很容易建立各类模型。然而现实很残酷，真实世界中的数据从来不按照剧本呈现，往往会出现有各种各样“异常”分布状况。其实只要分布异常程度不严重就不会过分影响模型结果，通常可以容忍。但是当异常程度较为严重时，就不得不引起我们严重关切了。在数据预处理环节，异常分布数据的处理是一个重要部分。本章及接下来的三章将介绍四类典型的数据异常分布情况及其预处理方法。在这一章将先介绍低频分类数据。

低频分类指在分类型数据中一些类别频数非常低，通常呈现出类别众多，而且很多类别仅有几个甚至一个样本的情况。使用含有低频分类数据的数据集建立模型，会使模型的自由度急剧增加，训练难度加大。然而与高昂代价不相适应的是这些低频类别对模型预测能力的贡献几乎可以忽略不计，可谓得不偿失。低频分类数据的处理方式通常是将频数过低的类别合并为一类，从而降低类别数量，提高类别内的频数。

低频分类数据在数据分析实践中很常见，其形成原因可以大致分为两种：或是由于真实的分类结果确实存在低频类别，或是由于采集数据时格式不规范从而形成了一些频数极小（比如仅有一个）的类别。无论何种原因，过多的低频类别会严重影响建模的效率，在数据预处理阶段需要尽量进行处理。在本章中，将首先通过一个具体的例子展示识别低频分类数据的方法并观察其特点，然后将介绍通过合并低频类别的方式处理低频分类数据的实现方法。

本章使用到 Pandas、Matplotlib、Time、Copy、Scipy、Scikit-learn 等代码库。演示数据集使用二手车数据集。

```
import pandas as pd
import matplotlib.pyplot as plt
import copy
import time
```

① 正态分布的英文名称是 normal distribution，从单词含义上，normal 也可以翻译成“正常”或“标准”。由此可见数据科学家们是多么喜欢正态分布了，因为凡是不服从正态分布的数据都是不正常（abnormal）的。

```
from scipy import stats
from sklearn.linear_model import LinearRegression
from sklearn.linear_model import LogisticRegression
from sklearn.metrics import mean_squared_error,roc_auc_score
from sklearn.model_selection import train_test_split
# 读入二手车数据集
car_data = pd.read_csv("craigslistVehiclesFull.csv",header=0)
```

3.1　低频分类数据识别

在二手车数据集中，变量make存储了车辆的具体型号，如camry、mustang、civic等。但由于该数据集中的信息都是由网站用户自行填写的，因此其填写的内容非常不规范，存在大量低频分类问题。下述代码绘制了变量make中各类别频数分布的箱线图(见图3.1)。观察图形可以发现少部分类别计数很高，绝大多数类别的计数很低，箱线图被挤压到0附近成为了一条线。这说明变量make存在大量低频分类情况。

```
# 通过箱线图识别低频分类现象
box_plot = car_data["make"].value_counts().plot.box()
plt.show()
```

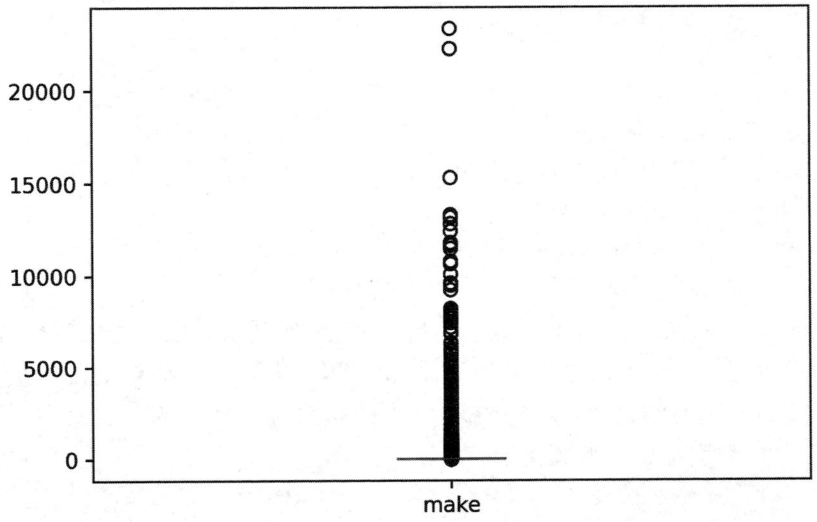

图 3.1　变量make各类别计数分布的箱线图

下面代码进一步计算了变量make每个类别的频数，由于该变量类别过多，难以都展示出来，因此仅显示了输出结果的部分内容。从输出结果可以发现，变量make共有107445个类别，同时存在大量计数为1的类别。这种情况就是典型的低频分类数据。

```
# 计算每个分类的频数
make_count = car_data["make"].value_counts()
print(make_count)
```

```
1500                          23346
f-150                         22243
silverado 1500                15290
2500                          13289
mustang                       13136
accord                        12798
silverado                     12411
wrangler                      11791
civic                         11644
camry                         11473
altima                        10789
f150                          10649
                   …
1500 longhorn 5.7l v8 ohv16v  1
pro master small city         1
American Motors corp. Hornet  1
f250 plow truck               1
3 skyactiv sedan              1
optima lx manual 5-speed      1
davidson flhx street glide    1
cts 4 3.6l v6 performan       1
Name: make,Length: 107445,dtype: int64
```

进一步，可以计算每个频数的类别个数，以便观察低频类别的规模(同样因为输出内容过多，因此仅显示了输出结果的部分内容)。从输出结果可以发现有66575个类别的频数是1，15136个类别的频数为2，频数为3~6的类别数量也非常多，这些类别都属于低频类别。

```
# 计算每个频数的类别个数
print(make_count.value_counts())
```

```
1          66575
2          15136
```

```
3                   6456
4                   3508
5                   2158
6                   1646
         …
1530                1
1888                1
1120                1
992                 1
800                 1
603                 1
Name: make,Length: 882,dtype: int64
```

上述两段代码的输出结果说明变量make不但类别众多,还有大量类别的频数极低,如果不加以处理会极大地影响建模效率。

3.2　低频分类数据的处理

处理低频类别的方法非常简单直接,即将低频类别进行合并。从技术角度说,合并类别很简单,让数据科学家们犹豫不决的往往是合并的方式。最简单的合并方式是将频数低于某一水平的类别直接合并为一类。

下述代码展示了将所有频数低于100的类别合并为一类的程序,由于合并类别较为耗时,所以在程序开始前设置了计时器,以便观察运行耗时。程序由以下几个步骤实现:

第一步,使用Series.value_counts()函数计算得到变量make每个类别的频数,并命名为make_count1;

第二步,建立新的分类数据make1,使用Series.map()函数使原变量make中的每一个值映射为新变量make1中的值,映射规则由lambda表达式给出,即如果变量原make中值x的频数<100,则在新变量make1相应位置上映射为"category _under100",否则将原值x直接映射给make1。

```
# 将频数低于100的类合为一类
start = time.time() # 用于计算算法耗时
make_count1=car_data["make"].value_counts()
car_data["make1"]=car_data["make"].map(lambda x:"category_under100"
                                        if make_count1[x]<100 else x,
                                        na_action="ignore")
```

```
print("算法耗时 %f秒" % (time.time()-start))
make_count1=car_data["make1"].value_counts()
print(make_count1)
```

```
算法耗时 11.890948秒
category_under100              376425
1500                           23346
f-150                          22243
silverado 1500                 15290
2500                           13289
                    …
elantra touring                100
ml320                          100
scion xa                       100
silverado 1500 classic         100
a3 2.0t                        100
Name: make1,Length: 1746,dtype: int64
```

这段程序的运行耗时11.89秒，是可以接受的。在新建立的变量make1中，类别“category_under100”的频数达到了376425个，说明低频分类情况非常严重。

将所有频数小于100的类都合并为一类有时过于粗略了，在下面代码中，笔者基于上一段代码给出了更加细致的做法：对于频数小于100的所有类别，将频数等于1的合并为一类，命名为“category_1”；将频数等于2的合并为一类，命名为“category_2”；以此类推（当然，也可以不用如此细致，读者可以根据需求自行构造）。

```
# 将频数低于100的类按其频数分类
start = time.time() # 用于计算算法耗时
make_count1 = car_data["make"].value_counts()
car_data["make1"] = car_data["make"].map(
    lambdax:"category_%d"%make_count1[x]ifmake_count1[x]<100elsex,
    na_action="ignore")
print("算法耗时 %f秒" % (time.time()-start))
make_count1=car_data["make1"].value_counts()
print(make_count1)
```

```
算法耗时 13.688647秒
category_1                     66575
category_2                     30272
```

```
1500                        23346
f-150                       22243
category_3                  19368
                 ...
mirage es                   100
saab 9-3 2.0t convertible   100
silverado 1500 classic      100
scion xa                    100
dts luxury                  100
Name: make2,Length: 1844,dtype: int64
```

本章练习

练习内容:使用本章所介绍的方法对以下数据集进行低频分类数据处理:

数据集名称:

January Flight Delay Prediction: US Flight Data for the month of Jan 2019 and Jan 2020

数据集介绍:该数据集来自美国政府运输统计局,收集了2019、2020两个年份一月的所有航班信息,用以分析航班延误现象,特别是进行一月份目的地机场的航班延误情况。

数据集链接:

https://www.kaggle.com/divyansh22/flight-delay-prediction.

第4章　高偏度数据处理

偏度(skewness)是用来测度数据的分布相对其分布中心偏离程度的指标。高偏度数据指的是偏离程度比较严重的数据。由于在统计学理论体系中常常将特定的分布形式作为模型建立的假设前提,因而对于数据的偏度非常重视,产生了很多矫正数据偏度的方法。目前在机器学习方法体系中对于数据分布的假定较少,很少考虑数据偏度问题,但实际上,经验表明偏度较高的数据会降低模型的预测效果。本章将分别介绍数据偏度的测量方法、高偏度数据对于数据分析的影响和偏度纠正的方法。

本章使用到Pandas、Matplotlib、Copy、Scipy、Scikit-learn等代码库。演示数据集使用了波士顿房价数据集。

```
import pandas as pd
import matplotlib.pyplot as plt
import copy
from scipy import stats
from sklearn.linear_model import LinearRegression
from sklearn.metrics import mean_squared_error
#读取波士顿房价数据集
boston = pd.read_csv("boston.csv",header=0)
```

4.1　高偏度数据的识别

在观察数据的偏度时,箱线图是一个非常方便直观的工具。箱线图仅由对应五个统计指标的五条横线及一些辅助性线条组成,非常直观地刻画了数据的分布状况。在绘制了箱线图后,可以观察出数据分布是否有偏。例如波士顿房价数据集中变量LSTAT的箱线图(见图4.1)[①]:

① 为了更好的观察变量偏度情况,通过设置参数vert=False将输出的箱线图设定为横置形式。

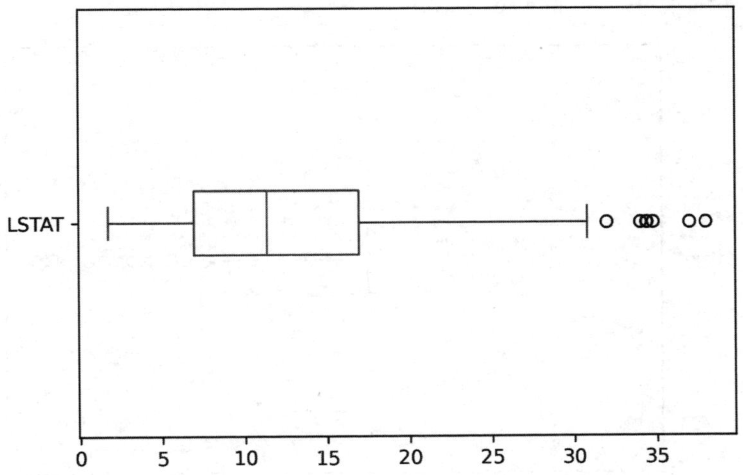

图 4.1　变量 LSTAT 的箱线图

从图形上看，变量 LSTAT 明显呈现右偏状态。箱线图只能概略地观察数据分布的状况，如果需要量化地测量数据分布的偏度，就需要计算偏度系数。数据的偏度系数一般使用该序列的三阶中心距来度量：

$$SK=\frac{n\sum_{i=1}^{n}(x_i-\bar{x})^3}{(n-1)(n-2)s^3}$$

上式中，SK 为偏度系数，n 为样本数，x_i 为第 i 个样本，$\bar{x}$ 为样本的算术平均值，s 为样本标准差。SK 的值具有如下性质：

$SK=0$：数据为对称分布，不存在偏态；

$SK>0$：数据为右偏分布，即大于分布中心的部分(数轴右侧)数据散布较大；

$SK<0$：数据为左偏分布，即小于分布中心的部分(数轴左侧)数据散布较大。

下述代码绘制了波士顿房价数据集中因变量 target 和变量 LSTAT 的箱线图(见图 4.1 和图 4.2)，并计算了二者的偏度系数。从计算结果来看因变量 target 和变量 LSTAT 的偏度系数均大于 0，呈现明显的右偏状态。

```
# 观察变量偏度
box_plot = boston["target"].plot.box(vert=False)
plt.show()
box_plot = boston["LSTAT"].plot.box(vert=False)
plt.show()
print("因变量的偏度为: %f" % boston["target"].skew())
print("变量LSTAT的偏度为: %f" % boston["LSTAT"].skew())
```

```
因变量的偏度为: 1.108098
```

变量LSTAT的偏度为：0.906460

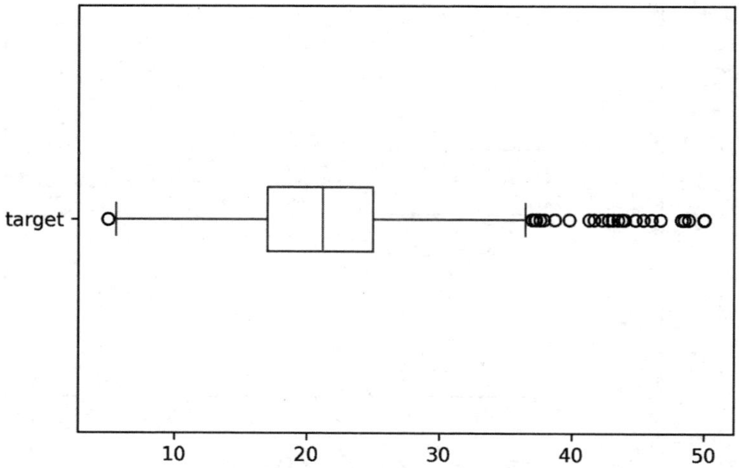

图 4.2　因变量target的箱线图

4.2　高偏度数据的处理

本部分将介绍使用BOX-COX变换对数据进行纠偏的方法。BOX-COX变换是由统计学家乔治•博克斯(George Box)和大卫•考克斯(David Cox)于1964年提出的一种广义幂变换方法，其公式如下：

$$y_i=\begin{cases}\dfrac{x_i^{\lambda}-1}{\lambda} & \lambda\neq 0\\ ln(x_i) & \lambda=0\end{cases}$$

上式中，x_i为第i个原变量数据，y_i为经过BOX-COX变换后的第i个数据，λ为BOX-COX变换的参数，其取值决定了BOX-COX变换的具体形式：

$\lambda=0$时，BOX-COX变换等价于对数变换；

$\lambda\neq 0$时，BOX-COX变换等价于幂变换，其中：

$\lambda=1$时，相当于未做变换；

$\lambda=0.5$时，相当于平方根变换；

$\lambda=2$时，相当于平方变换；

$\lambda=-1$时，相当于倒数变换。

BOX-COX变换的最大优势就是参数λ可以根据需要连续取值，从而使BOX-COX变换成为一族变换。其参数λ由极大似然法确定，可以为数据“量身定制”具体的变换方法。

在 scipy.stats 库中的 boxcox 函数可以对数据进行 BOX-COX 变换。boxcox 函数包括三个参数：

(1) x：需要进行 BOX-COX 变换的原始数据；

(2) lmbda：变换参数 λ，其默认值为 None，当 lmbda = None 时，其值即将由极大似然法确定，并将得到的 lmbda 值作为第二个输出结果返回；

(3) alpha：显著性水平值 α，其默认值为 None，当 alpha≠None 时，会以第三个输出结果形式返回 lmbda 的置信度为(1-alpha)的置信区间。

下述代码给出了使用 boxcox 函数对因变量 target 和变量 LSTAT 进行 BOX-COX 变换的过程。其参数 lmbda 和 alpha 都按照默认设定为 None。经过变换的数据被存回到数据集中，同时两个变量的 BOX-COX 变换参数 λ 被分别输出到 lam_tar 和 lam_LSTAT 中。这段代码还分别绘制了进行 BOX-COX 变换后两个变量的箱线图和偏度系数。

```
boston_1 = copy.deepcopy(boston)
# 对因变量做BOX-COX 变换
boston_1["target"],lam_tar = stats.boxcox(boston_1["target"])
# 对LSTAT 做BOX-COX 变换
boston_1["LSTAT"],lam_LSTAT = stats.boxcox(boston_1["LSTAT"])
# 观察纠偏后两变量的箱线图
box_plot = boston_1["target"].plot.box(vert=False)
plt.show()
box_plot = boston_1["LSTAT"].plot.box(vert=False)
plt.show()
print("纠偏后因变量偏度:%f" % boston_1["target"].skew())
print("对因变量进行BOX-COX变换的lambda为:%f" % lam_tar)
print("纠偏后变量LSTAT偏度:%f" % boston_1["LSTAT"].skew())
print("对变量LSTAT进行BOX-COX变换的lambda为:%f" % lam_LSTAT)
```

```
纠偏后因变量偏度:                          0.015882
对因变量进行BOX-COX变换的lambda为:          0.216621
纠偏后变量LSTAT偏度:                      -0.027886
对变量LSTAT进行BOX-COX变换的lambda为:       0.227767
```

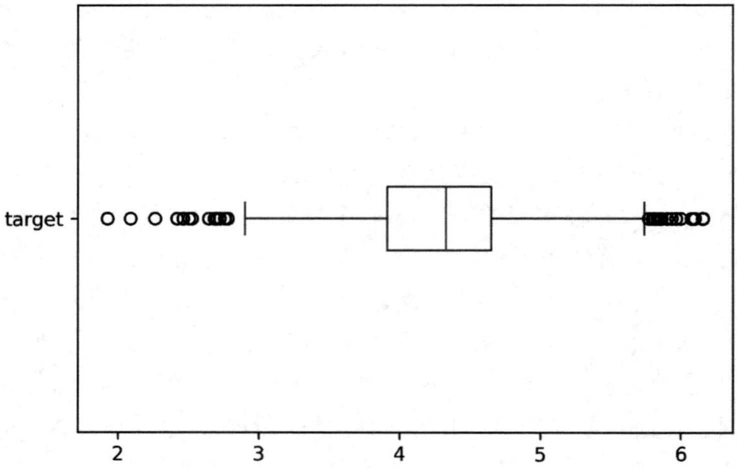

图 4.3　纠偏后因变量箱线图

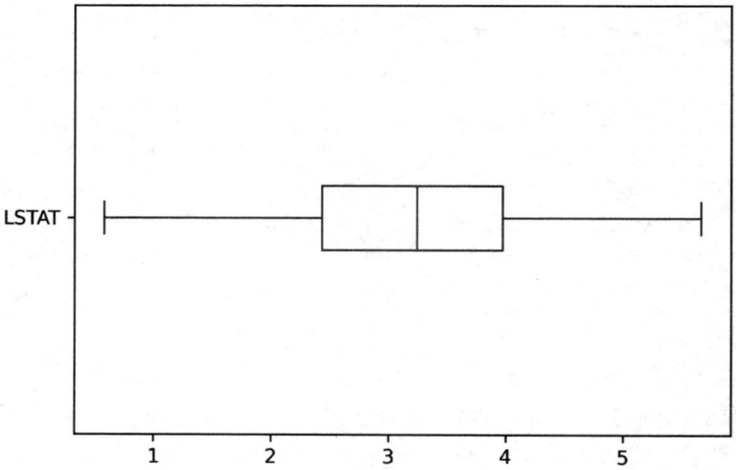

图 4.4　纠偏后的变量 LSTAT 箱线图

观察代码执行结果可以发现，进行 BOX-COX 变换后，两个变量的偏度系数分别为 0.015882 和 -0.027886，非常接近 0，从而说明其偏度被基本纠正。其参数 λ 的估计值为 0.216621 和 0.227767，可供对数据进行逆变换时使用。从图 4.3 和图 4.4 也能明显看出两个变量已经呈对称分布状态了。

为了观察数据纠偏对于模型预测的影响，下述代码分别建立了三个线性回归模型，三个模型的结构是相同的，因变量为 target，自变量为波士顿房价数据集中除了 target 外的其他变量。三个模型的差别在于所使用的数据是否为纠偏后的数据：

model_1无论因变量还是自变量使用的均为未经过BOX-COX变换的有偏数据；

model_2的因变量使用的是经过BOX-COX变换的数据，自变量仍然为未经过BOX-COX变换的有偏数据；

model_3的因变量和自变量中的LSTAT使用的是经过BOX-COX变换的数据。

```
# 用高偏度因变量建立简单线性回归模型
model_1 = LinearRegression()
model_1.fit(X=boston.drop("target",axis=1),y=boston["target"])
# 使用无偏的因变量建立简单线性回归模型
model_2 = LinearRegression()
model_2.fit(X=boston.drop("target",axis=1),y=boston_1["target"])
# 同时对因变量和变量LSTAT做纠偏处理
model_3 = LinearRegression()
model_3.fit(X=boston_1.drop("target",axis=1),y=boston_1["target"])
```

进一步地，在上述代码中分别计算了三个模型的均方误差(Mean Square Error,MSE)，以观察预测效果。读者们需要注意的是，在model_2和model_3中，由于建模和预测时使用的因变量数据都是经过BOX-COX变换的因变量target，因此在计算模型MSE时需要对预测值进行BOX-COX变换的逆变换，其公式为：

$$x_i = (\lambda y_i + 1)^{\frac{1}{\lambda}}$$

其中，x_i为经过BOX-COX变换的逆变换得到的结果，y_i为经过BOX-COX变换后的无偏数据，λ为变换参数，即为在前面得到的lam_tar，取值为0.216621。

从代码执行结果中可以清楚地发现，三个模型的MSE依次降低，说明数据纠偏能够显著改善线性回归模型的预测效果。

```
# 计算因变量未纠偏时回归MSE
print("因变量未纠偏时回归MSE:%f" % mean_squared_error(
y_true=boston["target"],y_pred=model_1.predict(boston.drop("tar
get",axis=1))))
# 计算因变量纠偏后的回归MSE
print("因变量纠偏后回归MSE:%f" % mean_squared_error(
y_true=boston["target"],y_pred=(model_2.predict(
boston.drop("target",axis=1))*lam_tar+1)**(1/lam_tar)))
```

```
# 计算因变量纠偏后的回归MSE
print("因变量和LSTAT纠偏后的回归MSE:%f" % mean_squared_error(
y_true=boston["target"],y_pred=(model_3.predict(
boston_1.drop("target",axis=1))*lam_tar+1)**(1/lam_tar)))
因变量未纠偏时回归MSE:              21.894831
因变量纠偏后回归MSE:                18.773420
因变量和LSTAT纠偏后的回归MSE:        16.486014
```

本章练习

练习内容:使用本章所介绍的方法对以下数据集进行高偏度数据处理:

数据集名称:

January Flight Delay Prediction: US Flight Data for the month of Jan 2019 and Jan 2020

数据集介绍:该数据集来自美国政府运输统计局,收集了2019、2020两个年份一月的所有航班信息,用以分析航班延误现象,特别是进行一月份目的地机场的航班延误情况。

数据集链接:

https://www.kaggle.com/divyansh22/flight-delay-prediction.

第5章 异常值处理

异常值(outlier),也可以称为离群值,通俗地说就是在变量中取值特别大或特别小且数量非常少的数据。异常值虽然在数据中占的比例很小,但是当其出现在模型训练集中时,会干扰模型的训练,对建模效果造成不利影响。处理异常值没有太好的办法,这主要是由于多数异常值并不是“错误值”,仅仅是取值比较特殊。在有些研究中,异常值甚至被作为研究对象,分析其产生的原因和规律。本章将基于信用卡欺诈检测数据集中介绍异常值的识别方法和通过截断方式处理异常值的方法,并通过一个实例观察异常值对于模型预测效果的影响。相关代码库信息和数据集信息见下述代码:

```
import pandas as pd
import matplotlib.pyplot as plt
import copy
from scipy import stats
from sklearn.linear_model import LogisticRegression
from sklearn.metrics import roc_auc_score
from sklearn.model_selection import train_test_split
#读取信用卡欺诈检测数据集
credit = pd.read_csv("creditcard.csv",header=0,encoding="utf8")
```

5.1 异常值的识别

异常值的识别方式是考察变量中每一个样本值与变量分布中心的相对距离,将相对距离过大的视为异常值。我们熟知的箱线图采取的就是这种思想来确定异常值,但绘制箱线图所必需的中位数、四分位数等指标所需要的运算量相对较大,所以一般我们利用变量的样本均值$\bar{x}$和样本标准差σ来识别异常值,识别标准可以表述为“与$\bar{x}$距离超过$k\times\sigma$”,其中k一般取大于或等于3的值。

图5.1显示了异常值识别的原理。某变量x在数轴上以样本均值$\bar{x}$为中心分布,标准差为σ。该变量的两个值x_i和x_j与$\bar{x}$的距离不同,x_i与$\bar{x}$的距离超过了三倍的标准差,而x_j与$\bar{x}$的距离不到两倍标准差。如果异常值的识别标准是“与$\bar{x}$距

离超过 3σ”，则 x_i 被识别为异常值。

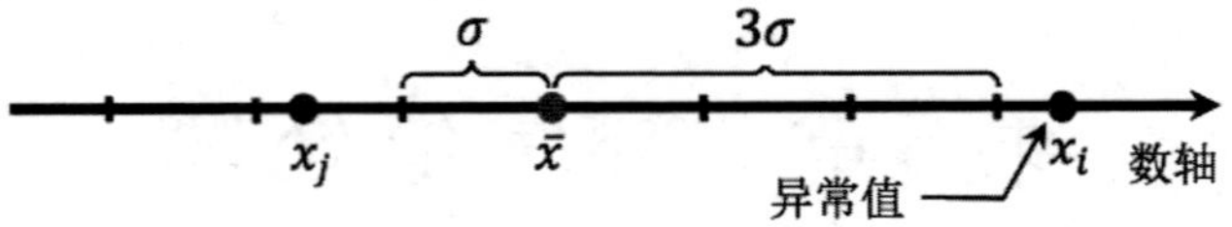

图 5.1　异常值的识别

在上述异常值识别标准中使用了标准差的倍数作为距离大小的度量标准，这是因为标准差可以被解释为“变量中所有样本值与其均值的平均距离”[①]。这样看，如果一个样本值到均值的距离超出了三倍平均水平，可以说明其偏离中心的程度非常高，足够的“异常”，因此可以将其视为异常值。在实际进行数据准备的过程中，k 的取值需要根据分析需要和实际情况决定。

在下面代码中，我们对信用卡欺诈检测数据集中的变量 V4 进行了异常值识别。首先，绘制了箱线图观察变量的异常值情况；进一步，分别使用 3 倍标准差和 5 倍标准差为识别标准，对变量中的异常值进行了识别，并统计了异常值的数量。具体步骤为：

第一步，使用 Series.mean() 函数计算 V4 的均值 V4_mean；

第二步，使用 Series.std() 函数计算 V4 的标准差 V4_std；

第三步，使用 Series.between() 方法对 V4 中的值进行比较运算，得到取值在 [v4_mean-3*v4_std, v4_mean+3*v4_std]（以 3 倍标准差为标准）或 [v4_mean-5*v4_std, v4_mean+5*v4_std]（以 5 倍标准差为标准）内的样本集合；

第四步，使用逻辑运算“非”（符号为“~”）得到上述样本集合的补集，即异常值集合；

第五步，使用 Series.sum() 方法统计异常值个数。

```
# 识别与观察异常值
credit.V4.plot.box()
plt.show()  # 对信用卡数据 V4 画箱线图,可以看到存在若干异常值
v4_mean = credit.V4.mean()  # 计算 V4 的平均值
v4_std = credit.V4.std()  # 计算 V4 的标准差
print("均值为:%f" % v4_mean)
print("标准差为:%f" % v4_std)
print("超过 3 倍标准差样本量: %d" % (~credit.V4.between(
v4_mean-3*v4_std,v4_mean+3*v4_std)).sum())  # 使用3倍标准差识别异常值
```

① 这个说法可能不够准确，但是便于读者理解。

```
print("超过5倍标准差样本量: %d" % (~credit.V4.between(
v4_mean-5*v4_std,v4_mean+5*v4_std)).sum()) # 使用5倍标准差识别异常值
```

```
均值为:                0.000000
标准差为:              1.415869
超过3倍标准差样本量:       3094
超过5倍标准差样本量:        184
```

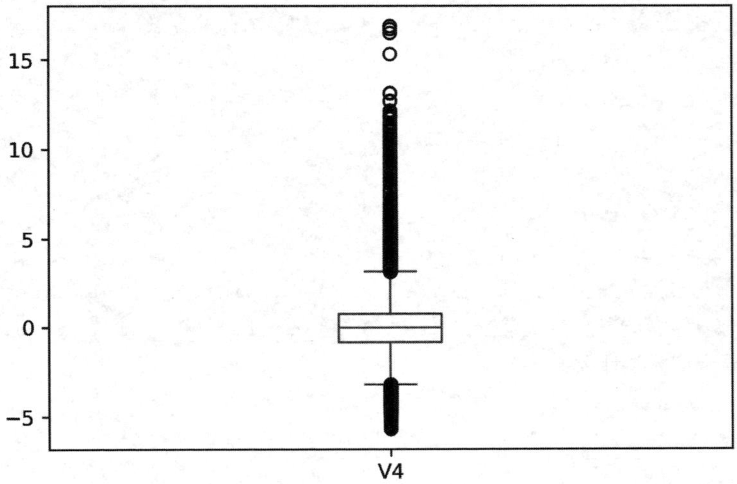

图 5.2　变量 V4 的箱线图

从图 5.2 和代码执行结果可以观察到,变量 V4 存在较为严重的异常值问题,超过 3 倍标准差的异常值达到了 3094 个,超过 5 倍标准差的异常值为 184 个。

前面代码仅对变量 V4 的异常值进行了观察,未能将具体的异常值标识出来。在很多数据分析过程中,我们需要对异常值进行标注,以便进一步分析和处理。下述代码给出了对异常值进行标注的过程,通过建立新的变量 V4_outlier_3(以 3 倍标准差为标准)和 V4_outlier_5(以 5 倍标准差为标准),令不属于异常值的样本在新变量的对应值为 0,大于均值的异常值样本在新变量的对应值为 1,小于均值的异常值样本在新变量的对应值为-1。下面以 V4_outlier_3 为例介绍其运算过程:

第一步,计算变量 V4 的标准分数,得到变量 V4_s,公式为 $\frac{(x_i - \bar{x})}{\sigma}$①;

① 标准分数其实是对数据进行标准化的一种方式,其原理为用变量中每一个值与样本均值的差相对于标准差的倍数代替样本的原值。标准分数的值体现了对应样本在变量中的相对位置。

第二步，建立新变量V4_outlier_3并将所有值都初始化为0；

第三步，对V4_s使用Series.gt()方法，找出大于3的值，并将V4_outlier_3的对应位置赋值为1；

第四步，对V4_s使用Series.lt()方法，找出小于-3的值，并将V4_outlier_3的对应位置赋值为-1。

```
#对异常值进行标记
V4_s = (credit.V4-v4_mean)/v4_std #计算V4的标准分数
V4_outlier_3 = 0*V4_s
V4_outlier_3[V4_s.gt(3)] = 1
V4_outlier_3[V4_s.lt(-3)] = -1
V4_outlier_5 = 0*V4_s
V4_outlier_5[V4_s.gt(5)] = 1
V4_outlier_5[V4_s.lt(-5)] = -1
print("3倍标准差异常值分类计数:\n%s" % V4_outlier_3.value_counts())
print("5倍标准差异常值分类计数:\n%s" % V4_outlier_5.value_counts())
```

```
3倍标准差异常值分类计数:
 0.0    281713
 1.0    2853
-1.0    241
Name: V4,dtype: int64
5倍标准差异常值分类计数:
0.0     284623
1.0     184
Name: V4,dtype: int64
```

从代码执行结果中可以发现，当以3倍标准差为标准时，变量V4存在2853个大于样本均值的异常值和241个小于样本均值的异常值；当以5倍标准差为标准时，变量V4存在184个大于样本均值的异常值，不存在小于样本均值的异常值。

5.2 异常值的处理

对异常值的处理是个棘手的问题。异常值有两种情况，一是数据出现了错误，二是数据是准确的，但却是异常的大(或小)[①]。第一种情况应当对错误数据进

① 异常值是错误的数据还是准确的数据往往很难通过分析的手段判断，需要分析人员结合其他手段确定。

行改正或删除。第二种情况要视研究目的而定。如果研究目标是数据的统计规律,则由于异常值属于特殊情况,会干扰对统计规律的挖掘,因此可以考虑删除异常值;如果研究的目的就是聚焦于这些异常情况,则需要采取前面介绍的方法对异常值进行标注,并以标注结果为分类数据进行进一步研究[①]。

在处理异常值的方法中,对异常值进行删除是直接而有效的手段,但这样做改变了数据集的样本量,因此很多情况下采取截断的方式代替删除。所谓截断,即将所有超过异常值边界(如3倍或5倍标准差)的值用同一个值(往往就是边界值)代替,这样仿佛是将数据"截断"了。截断的方法在没有降低样本容量的情况下,避免了异常值对数据分析的影响。下述代码给出了异常值截断处理的方法,其具体步骤为:

第一步,使用Series.mean()函数计算变量V4_1的平均值V4_mean1;

第二步,使用Series.std()函数计算变量V4_1的标准差V4_std1;

第三步,将大于v4_mean1+5*v4_std1赋值为v4_mean1+5*v4_std1;

第四步,将小于v4_mean1-5*v4_std1赋值为v4_mean1-5*v4_std1。

通过以上操作,将所有以5倍标准差为标准识别出来的异常值全部赋值为5倍标准差,完成了数据截断操作。这段代码还对完成截断后的变量进行了观察。

```
# 异常值的截断处理
# 将变量V4与均值距离大于5倍标准差的赋值为5倍标准差
V4_1 = copy.deepcopy(credit.V4)
v4_mean1 = V4_1.mean() # 计算V4的平均值
v4_std1 = V4_1.std() # 计算V4的标准差
v4_max = v4_mean1+5*v4_std1
v4_min = v4_mean1-5*v4_std1
V4_1[V4_1.gt(v4_mean1+5*v4_std1)] = v4_max
V4_1[V4_1.lt(v4_mean1-5*v4_std1)] = v4_min
V4_1.plot.box()
plt.show() # 对信用卡数据V4画箱线图,可以看到存在若干离群点
print("截断后均值为:%f" % V4_1.mean())
print("截断后标准差为:%f" % V4_1.std())
print("超过3倍标准差样本量 %d" % (~V4_1.between(
v4_mean1-3*v4_std1,v4_mean1+3*v4_std1)).sum())# 使用3倍标准差识别异常值
print("超过5倍标准差样本量 %d" % (~V4_1.between(
```

① 这种情况往往会产生不平衡数据或低频分类问题,可以使用本书相应章节介绍的方法进行处理。

```
v4_mean1-5*v4_std1,v4_mean1+5*v4_std1)).sum())# 使用5倍标准差识别异常值
截断后均值为:          -0.001423
截断后标准差为:        1.406843
超过3倍标准差样本量    3094
超过5倍标准差样本量    0
```

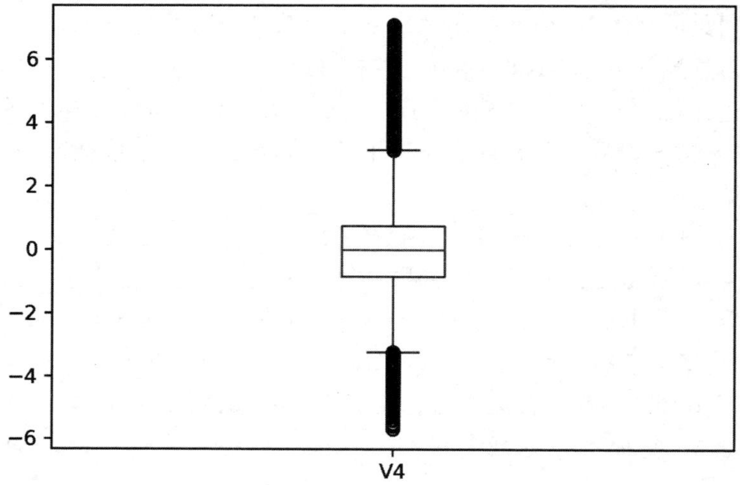

图 5.3　截断后变量 V4 的箱线图

从图 5.3 和代码执行结果可以观察到，变量 V4 的超过 5 倍标准差的异常值消失了，也就是说超过 5 倍标准差的异常值被使用截断方法消除了。

在数据建模过程中，如果训练集中有变量存在异常值，会干扰模型的训练，从而降低模型预测的准确率。下面两段代码分别在未对变量 V4 的异常值进行处理和使用截断法对变量 V4 的异常值进行处理两种情况下，对信用卡欺诈检测数据集建立 logistic 回归模型，并对比了模型的 AUC。两段代码结构基本相同，主要进行了如下操作：

第一步，使用 scikit-learn 库中的 train_test_split() 函数对信用卡欺诈检测数据集进行了切分，划分出训练集 train 和测试集 test；

第二步，分别绘制了训练集和测试集中变量 V4 的箱线图；

第三步，分别识别并统计了训练集和测试集中变量 V4 超过 3 倍标准差和超过 5 倍标准差的异常值的个数；

第四步，以信用卡欺诈检测数据集中的变量 Class 为因变量，其他变量为自变量，训练 logistic 回归模型；

第五步，将测试集数据代入训练好的 logistic 回归模型进行检验，计算并

输出模型的AUC。

```
# 未处理异常值时
train,test = train_test_split(credit,test_size=0.3,random_state=1,
                              stratify=credit["Class"])
train.V4.plot.box()
plt.show() # 绘制训练集中变量V4的箱线图
test.V4.plot.box()
plt.show() # 绘制测试集中变量V4的箱线图
train_mean = train.V4.mean() # 计算训练集中变量V4的平均值
train_std = train.V4.std() # 计算训练集中变量V4的标准差
test_mean = test.V4.mean() # 计算测试集中变量V4的平均值
test_std = test.V4.std() # 计算测试集中变量V4的标准差
print("训练集中超过3倍标准差样本量 %d" % (~train.V4.between(
v4_mean1-3*v4_std1,v4_mean1+3*v4_std1)).sum()) # 使用3倍标准差识别异常值
print("训练集中超过5倍标准差样本量 %d" % (~train.V4.between(
v4_mean1-5*v4_std1,v4_mean1+5*v4_std1)).sum()) # 使用5倍标准差识别异常值
print("测试集中超过3倍标准差样本量 %d" % (~test.V4.between(
v4_mean1-3*v4_std1,v4_mean1+3*v4_std1)).sum()) # 使用3倍标准差识别异常值
print("测试集中超过5倍标准差样本量 %d" % (~test.V4.between(
v4_mean1-5*v4_std1,v4_mean1+5*v4_std1)).sum()) # 使用5倍标准差识别异常值
model_4=LogisticRegression(max_iter=1000)
# 使用未处理异常值的数据建立logistic回归模型
model_4.fit(X=train.drop("Class",axis=1),y=train["Class"])
print("未处理异常值时模型的AUC = %f" % roc_auc_score(
   y_true=test["Class"],
   y_score=model_4.predict_proba(test.drop("Class",axis=1))[:,1]))
```

```
训练集中超过3倍标准差样本量    2216
训练集中超过5倍标准差样本量    115
测试集中超过3倍标准差样本量    878
测试集中超过5倍标准差样本量    69
未处理异常值时模型的AUC = 0.933621
```

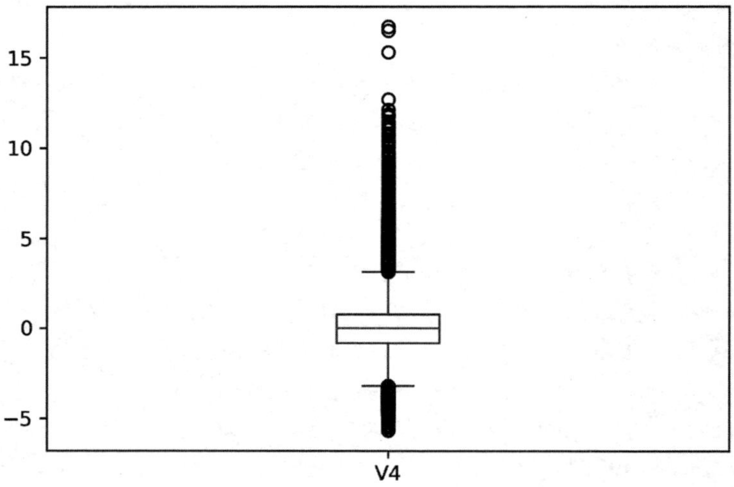

图 **5.4**　未处理异常值时训练集中变量 **V4** 的箱线图

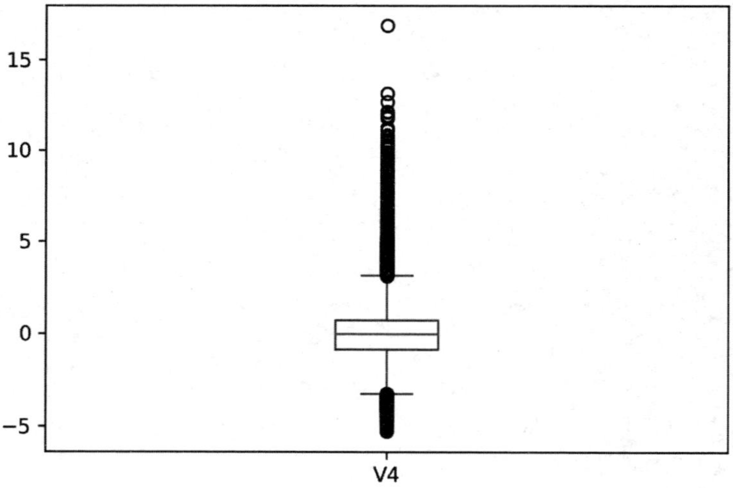

图 **5.5**　未处理异常值时测试集中变量 **V4** 的箱线图

从代码的输出结果和图 5.4、图 5.5 可以观察到，无论是在训练集还是测试集中，变量 V4 均存在较为明显的异常值。在这种情况下建立的 logistic 回归模型的 AUC 为 0.933621。

```
# 使用截断法处理异常值时
credit_1 = copy.deepcopy(credit)
credit_1.V4 = V4_1 # 将V4执行截断处理
```

```
train1,test1 = train_test_split(credit_1,test_size=0.3,
random_state=1,stratify=credit_1["Class"])
train1.V4.plot.box()
plt.show() #绘制训练集中变量V4的箱线图
test1.V4.plot.box()
plt.show() #绘制测试集中变量V4的箱线图
train1_mean = train1.V4.mean() #计算训练集中变量V4的平均值
train1_std = train1.V4.std() #计算训练集中变量V4的标准差
test1_mean = test1.V4.mean() #计算测试集中变量V4的平均值
test1_std = test1.V4.std() #计算测试集中变量V4的标准差
print("训练集中超过3倍标准差样本量 %d" % (~train1.V4.between(
  v4_mean1-3*v4_std1,v4_mean1+3*v4_std1)).sum()) #使用3倍标准差识别异常值
print("训练集中超过5倍标准差样本量 %d" % (~train1.V4.between(
  v4_mean1-5*v4_std1,v4_mean1+5*v4_std1)).sum()) #使用5倍标准差识别异常值
print("测试集中超过3倍标准差样本量 %d" % (~test1.V4.between(
  v4_mean1-3*v4_std1,v4_mean1+3*v4_std1)).sum()) # 使用3倍标准差识别异常值
print("测试集中超过5倍标准差样本量 %d" % (~test1.V4.between(
  v4_mean1-5*v4_std1,v4_mean1+5*v4_std1)).sum()) # 使用5倍标准差识别异常值
#使用截断异常值的数据建立logistic回归模型
model_5 = LogisticRegression(max_iter=1000)
model_5.fit(X=train1.drop("Class",axis=1),y=train1["Class"])
print("使用截断法处理异常值后模型的AUC = %f" % roc_auc_score(
  y_true=test["Class"],
  y_score=model_5.predict_proba(test.drop("Class",axis=1))[:,1]))
```

```
训练集中超过3倍标准差样本量    2216
训练集中超过5倍标准差样本量       0
测试集中超过3倍标准差样本量     878
测试集中超过5倍标准差样本量       0
使用截断法处理异常值后模型的AUC = 0.953234
```

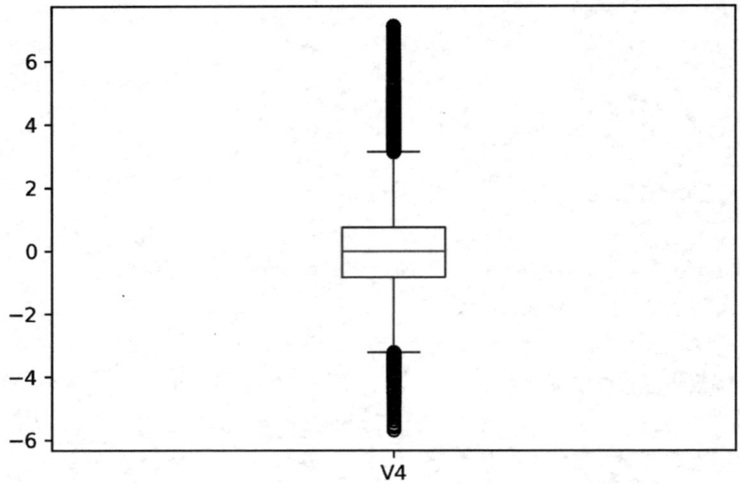

图 5.6 截断法处理异常值后训练集中变量 V4 的箱线图

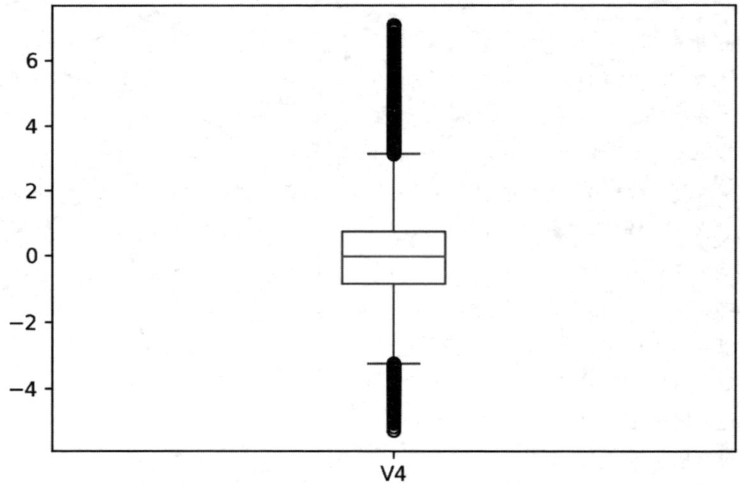

图 5.7 截断法处理异常值后测试集中变量 V4 的箱线图

从代码输出结果和图 5.6 和图 5.7 中可以观察到，无论是在训练集还是测试集中，变量 V4 超过 5 倍标准差的异常值都由于截断处理消失了，在这种情况下建立的 logistic 回归模型的 AUC 为 0.953234，与未处理异常值时相比有了一定提升，改善了 logistic 回归模型的预测效果。

需要指出的是，异常值的影响往往不是简单地体现在模型的预测效果上，而是在统计或经济学意义上，因此再选择是否处理异常值和如何处理异常值时还需要结合分析需求和实际情况谨慎判断。

本章练习

练习内容:使用本章所介绍的方法对以下数据集进行异常值处理:

数据集名称:

January Flight Delay Prediction: US Flight Data for the month of Jan 2019 and Jan 2020

数据集介绍:该数据集来自美国政府运输统计局,收集了2019、2020两个年份一月的所有航班信息,用以分析航班延误现象,特别是进行一月份目的地机场的航班延误情况。

数据集链接:

https://www.kaggle.com/divyansh22/flight-delay-prediction.

第6章　数据配平

在机器学习模型中，分类器模型是常用类型。分类器模型的因变量一般为二分类(0-1型)变量，即使是多个类别的情况，通常也将其转化为二分类型后再分析。例如本章所用案例数据“信用卡欺诈检测数据集”，其中用于表示信用卡交易是否为欺诈交易的变量Class即为0-1型变量，变量值“1”代表该交易为欺诈交易，变量值“0”代表该交易为正常交易。分类器需要依据已知真实分类情况的0-1型变量构成训练集对模型进行训练，然后用训练得到的分类器对未知情形进行预测。这类分析任务要求0-1型变量中两个类别比例大致均衡，否则会对模型的训练产生不利影响。

两个类别比例均衡的标准是什么呢？事实上这并没有一个明确的标准，但一般认为在0-1型变量中，多数类与少数类的比例达到20:1以上(少数类样本数量占总样本数量5%以下)即为不均衡，以这样变量为因变量的数据集也被称为不平衡数据集。信用卡欺诈检测数据集就是一个典型的不平衡数据集，该数据集一共包含284807个样本，但其中变量Class取值为“1”的样本仅有492个，占比为0.173%，其不平衡程度非常高。

不平衡数据会对分类器模型的训练和预测产生不良影响，例如一个分类器模型在不平衡的训练集上训练得到的准确率非常高，但是该模型在实际数据集上的表现可能非常差，甚至于接近失效。

从模型的训练角度看，由于不平衡数据集中的少数类样本较少，因此能够供模型训练使用的有价值信息有限。分类器模型的训练过程通常是建立错分类别的损失函数，以损失函数最小为目标优化模型的参数，从而得到训练结果。例如当模型将取值本为“1”的样本错分类为“0”，或将本为“0”的样本错分类为“1”，根据损失函数都会得到一个惩罚值，在对所有样本进行分类后，就会得到所有错分类的一个总惩罚值，模型训练的任务就是使这个总惩罚值尽量小。这一过程通常是通过迭代完成的。

请读者思考一个极端情况：如果在10000个样本中仅有一个取值是1，其他9999个都是0。在这种情况下，当一个分类模型被训练成将所有样本都分类为0，即仅仅会出现一个错误分类(将唯一的1错分类为0)，则其损失函数反馈的惩罚值是微不足道的，分类模型会被认为效果良好，但实际上这个模型根本没有训练出判别少数类的能力，训练失败。

具体而言，可以将不平衡数据对分类器模型的影响归为三类：

第一，数据稀疏问题。在不平衡数据集中，少数类的样本数远少于多数类，因此会产生了所谓稀疏样本问题，造成分类器难以准确获得少数类特征，从而造成分类错误。

第二，噪声数据问题。噪声数据指的是由于设备故障，人为错误等原因形成的错误数据。通常如果样本量较大，少量的噪声数据对分类器效果的影响有限，但如果数据是不平衡的，则在少数类中的噪声数据对于分类器的影响会显著提高。

第三，决策边界偏移问题。在很多分类器模型中，每个样本对于优化目标的贡献是相同的，因此在使用不平衡数据训练分类器时，由于样本数量的优势，决策边界会显著向多数类偏移，造成分类器失效。

对于不平衡数据进行配平的思路有两个。一是改变数据分布，从数据层面使其分布更加平衡；二是改变分类算法，通过加权等手段使分类算法更加重视少数类提供的信息。从数据准备角度，第一种思路在没有增加模型复杂程度的情况下，仅仅通过改变数据分布就解决了数据不平衡问题，所付出的“代价”较小，因此是处理不平衡数据常用手段。第一种思路有欠采样（或称为下采样）、过采样（或称为上采样）和混合采样三种常用方法，下面将详细介绍三种方法的实现方式。

本章所用案例数据为“信用卡欺诈检测数据集（credit card fraud detection）[①]”。该数据集显示了2013年9月的某两天在欧洲的持卡人通过信用卡进行的交易。在总共284807笔交易中，有492笔交易被标记为欺诈交易（变量Class=1），其余交易被标记为正常交易（Class=0），属于典型的不平衡数据情况。对于信用卡公司来说，如果能够正确识别某笔交易为欺诈交易，则可以阻止该交易的进行，从而在保护信用卡持卡人的利益的同时也减少自身的损失。

下述代码中包含了读取数据集的相关操作，还对变量Class的类别比例进行了计算。本章的示例代码中会用到Pandas、Numpy、Time、Scikit-learn（sklearn）、Imbalanced-learn（imblearn）等代码库及其模块。

```
import pandas as pd
import matplotlib.pyplot as plt
import numpy as np
```

① 该数据集可经由链接https://www.kaggle.com/mlg－ulb/creditcardfraud.下载。

```
import time
from sklearn.ensemble import GradientBoostingClassifier
from sklearn.linear_model import LogisticRegression
from sklearn.metrics import roc_auc_score
from sklearn.model_selection import train_test_split
from imblearn.over_sampling import SMOTE
from imblearn.under_sampling import RandomUnderSampler
# 读取数据
credit = pd.read_csv("creditcard.csv",header=0,encoding="utf8")
# 观察数据不平衡情况
print("原始数据分类计数\n%s" % credit["Class"].value_counts())
print("正样本占比%f%%" % (credit["Class"].mean()*100))
```

```
原始数据分类计数
0          284315
1             492
Name: Class,dtype: int64
正样本占比0.172749%
```

6.1 欠采样

欠采样(undersampling)思想非常简单，即从多数类样本中随机抽取一部分与少数类样本共同构成训练集，使训练集中多数类与少数类的样本容量相当(不一定完全一样)。欠采样的缺陷显而易见，为了照顾少数类的样本容量，需要放弃大量(有时是绝大多数)多数类的样本，这些样本所包含的信息也随之损失掉了。因此在使用欠采样时，需要解决信息损失问题。解决的思路主要有两个：

第一，采用Bagging的思路，对多数类进行多次有放回的欠采样，得到多个相互独立的训练集，从而既解决了不平衡数据问题，又有效提高了对原数据集样本的覆盖程度，使用这些数据集可以训练出多个分类器，再对多个分类器的结果进行组合得到最终结果。

第二，采用Boosting的思路，先通过一次欠采样得到训练集并训练出一个分类器，并从多数类样本集中剔除掉使用该分类器能够正确分类的样本，这样就相当于缩小了多数类的样本集，进而再进行第二次欠采样并训练出第二个分类器，以此类推，最终组合多个分类器结果形成最终结果。

上述两个思路都是在模型层面进行处理，即利用集成学习算法(ensemble learning)的思想弥补单次欠采样造成的信息损失。然而无论是哪种思路，对于欠采样的要求都是一样的。下述代码给出了使用imbalanced-learn程序包中的RandomUnderSampler函数实现欠采样的操作。

```
# 建立RandomUnderSampler模型
rus = RandomUnderSampler(sampling_strategy=1,random_state=0)
x,y = rus.fit_resample(X=credit.drop("Class",axis=1),
                       y=credit["Class"])
# 使用RandomUnderSampler模型获得欠采样结果
credit_u_s = pd.DataFrame(np.column_stack((x,y)),
              columns=credit.columns).astype(credit.dtypes)
print("欠采样分类计数\n%s" % credit_u_s["Class"].value_counts())
```

```
欠采样分类计数
1   492
0   492
Name: Class,dtype: int64
```

上述代码中，首先使用RandomUnderSampler函数建立了对象rus，其中参数sampling_strategy的含义是少数类与多数类样本量的比，在本例中设定为1:1；参数random_state是随机数生成器的种子值，在本例中设定为0。然后调用rus对象的fit_resample方法，将不包含变量Class的数据集赋予参数X，将变量Class赋予参数y，即可得到欠采样结果。需要指出的是，这个函数的输出结果是两个对象，然后再把他们组合成为一个数据集credit_u_s。

从执行结果看，多数类(值为0的类别)经过欠采样后，其样本容量与少数类(值为1的类别)一致了，都是492个。从上一节的代码执行结果中可以看到，这次欠采样舍弃了多数类中99.83%的样本，信息损失可谓非常巨大。

为了让读者更好的理解欠采样的过程，笔者自己编写了一个名为under_sampling的欠采样函数。

```
# 定义欠采样函数 under_sampling()
def under_sampling(data: pd.DataFrame,
            target_col: str,
            balance_rate: (int,float) = 1,
            random_state: int = None):
  major,minor = data[target_col].value_counts(sort=True,
              ascending=False).index
  line_no = pd.Series(data[target_col].values,index=range(data.
            shape[0]))
  minor_ln = line_no[line_no.eq(minor)].index
```

```
  major_ln = line_no[line_no.eq(major)]
  major_ln = major_ln.sample(n=int(minor_ln.size*balance_rate),
             random_state=random_state).index
return data.iloc[minor_ln.append(major_ln),:]
#使用上述定义的而函数对credit欠采样
credit_u_s=under_sampling(credit,target_col="Class",balance_rate=1)
print("自定义函数结果 \n%s" % credit_u_s["Class"].value_counts())
```

```
自定义函数结果
1   492
0   492
Name: Class,dtype: int64
```

在函数under_sampling中定义了四个参数：

(1)data:不平衡数据集；

(2)target_col:分类变量；

(3)balance_rate:欠采样的结果数据集中多数类与少数类样本量之比；

(4)random_state:随机数种子值。

函数的功能包括：首先，自动识别多数类和少数类；其次，将少数类的样本行取出；再次，按照balance_rate在多数类中进行随机抽样相应的样本行；最后，返回少数类样本行和随机抽取的多数类样本行合并而成的数据集。

函数主要的设计思想如下：首先，定义对象major和minor分别表示多数类和少数类对应的取值(在本例中，major=0，minor=1)；然后，定义对象minor_ln表示少数类的索引值(index)，定义major_ln表示根据balance_rate随机抽取的样本的索引值。最后，将minor_ln和major_ln所代表的样本作为函数的返回值。

6.2 过采样

过采样(oversampling)的思想是提升少数类的样本容量，并与多数类样本共同组成训练集。最原始的过采样方法是随机过采样，即将随机选中的少数类中的样本直接复制以增加其容量。这种方法容易造成模型过拟合，对于模型的训练和提高少数类的识别准确率没有益处。目前常用的过采样方法是SMOTE算法。下面简单介绍SMOTE算法的实现思想。

SMOTE算法的全称是Synthetic Minority Oversampling Technique，即合成少数类过采样技术，是对随机过采样的改进。在随机过采样技术中，采取直接复制的方式增加少数类样本，在SMOTE算法中则采取k近邻思想通过分析少数类样本的特征人工合成新的样本，从而增加样本容量，具体过程如下：

第一步，少数类中的每个样本以欧氏距离为标准计算出自己到其他少数类样本的距离，从而得到k个近邻；

第二步，每个样本从k个近邻中随机选择n个样本；

第三步，在每个样本和其被选中的近邻的连线上随机选择一个点作为新的样本点。

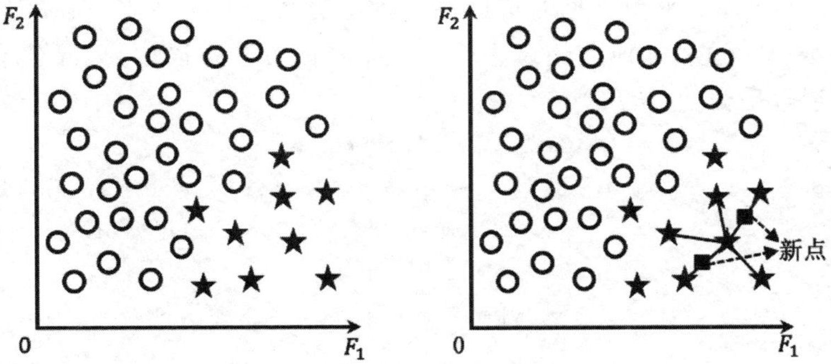

图 6.1　SMOTE算法示意图

在imbalanced-learn程序包中同样给出了SMOTE算法的函数，下述代码展示了使用SMOTE算法进行过采样的执行步骤。

```
# 建立SMOTE模型
smote = SMOTE(sampling_strategy=0.05,random_state=0)
x,y = smote.fit_resample(X=credit.drop("Class",axis=1),y=credit
["Class"])
# 使用SMOTE模型
credit_o_s = pd.DataFrame(np.column_stack((x,y)),
                columns=credit.columns).astype(credit.dtypes)
print("过采样分类计数\n%s" % credit_o_s["Class"].value_counts())
```

```
过采样分类计数
0    284315
1    14215
Name: Class,dtype: int64
```

上述代码中，首先使用SMOTE函数建立了对象smote，其中的参数sampling_strategy含义是少数分类与多数分类样本量之比，在本例中设定为5:100，即少数类占比为5%。这个比例虽然仍然不高，但比原始数据集的

0.17%要好了很多。参数 random_state 为随机数生成器的种子值。从执行结果看,少数类样本增加到了14215个,显著改善了数据的不平衡状态。

应当指出的是,SMOTE算法增加的是人工样本,本身未包含该类别的有用信息,且增大了样本重复的可能,因此使用时需要谨慎。

6.3 混合采样

过采样会产生大量人工样本,欠采样会损失大量多数类样本,都存在着明显不足,因此在处理不平衡数据时可以将两种方法结合起来使用,在一定程度上平衡二者的缺陷。这种同时使用过采样和欠采样的方法可以称为“混合采样”。下述展示了混合采样的过程:

```
# 首先使用SMOTE方法向上抽样,即上面一段代码的结果
smote = SMOTE(sampling_strategy=0.05,random_state=0)
x,y = smote.fit_resample(X=credit.drop("Class",axis=1),y=credit["Class"])
credit_o_s = pd.DataFrame(np.column_stack((x,y)),
columns=credit.columns).astype(credit.dtypes)
# 然后使用欠采样
credit_m_s = under_sampling(credit_o_s,target_col="Class",
balance_rate=1)
print("混合采样后分类计数\n%s" % credit_m_s["Class"].value_counts())
```

```
混合采样后分类计数
1   14215
0   14215
Name: Class,dtype: int64
```

上述代码中,首先使用SMOTE算法对数据集 credit 进行过采样,得到数据集 credit_o_s,然后对数据集 credit_o_s 进行欠采样,得到数据集 credit_m_s,该数据集中两类样本容量相同,均为14215个。

6.4 数据配平的效果和改进

本章前面部分介绍了不平衡数据的概念和配平方法。本节基于机器学习中较为常用的梯度提升树算法(GBDT模型),观察不平衡数据配平对建模的影响。首先,分别使用不平衡的训练集和使用欠采样方法配平的训练集对GBDT模型进行训练,然后,从三个方面考察不平衡数据的配平对于GBDT模型的影响:第一,从

模型训练消耗时间和预测结果的AUC两个角度对比其训练效果;第二,基于真实数据及与模型预测结果的偏离程度,对比使用平衡数据与不平衡数据模型训练效果的差异,并介绍校正偏离的方法;第三,对不平数据进行随机多次配平,考察数据配平对于模型预测结果稳定性的影响,并介绍提高预测稳定性的方法。

6.4.1 数据配平的效果

使用欠采样、过采样和混合采样这些方法能够构造出较为平衡的数据集作为模型的训练集,从而提高模型的预测效果。那么数据的这些配平方法到底能为模型的训练效率和预测准确度带来多大改进呢? 本部分将通过一个例子来展示,见下述代码。

```
# 分层抽样,切分训练和测试集
train,test = train_test_split(credit,test_size=0.3,random_state=0,
stratify=credit["Class"])
# 对训练集进行欠采样,正负样本1:1
train_u_s = under_sampling(train,target_col="Class",balance_rate=1)
# 使用全部不平衡的训练集训练GBDT模型
start=time.time() # 计时
model_ub = GradientBoostingClassifier()
model_ub.fit(X=train.drop("Class",axis=1),y=train["Class"])
print("不平衡模型耗时 %s 秒" % (time.time()-start))
# 使用欠采样后的平衡训练集训练GBDT模型
start = time.time() # 计时
model_b = GradientBoostingClassifier()
model_b.fit(X=train_u_s.drop("Class",axis=1),y=train_u_s["Class"])
print("平衡模型耗时 %s 秒" % (time.time()-start))
# 使用不平衡模型为测试集打分
model_ub_p = model_ub.predict_proba(test.drop("Class",axis=1))[:,1]
# 使用平衡模型为测试集打分
model_b_p = model_b.predict_proba(test.drop("Class",axis=1))[:,1]
print("不平衡模型AUC=%f"%roc_auc_score(y_true=test["Class"],
y_score=model_ub_p))
print("平衡模型AUC=%f"%roc_auc_score(y_true=test["Class"],
y_score=model_b_p))
```

```
不平衡模型耗时 64.16653800010681 秒
平衡模型耗时 0.22711586952209473 秒
不平衡模型 AUC = 0.773532
平衡模型 AUC = 0.982119
```
[1]

上述例子使用GBDT模型基于信用卡欺诈检测数据集credit训练分类模型，对欺诈行为进行预测。在代码中，使用了来自scikit-learn库的若干函数，具体过程如下：

（1）使用函数train_test_split()将数据集credit分为训练集train和测试集test，测试集在原数据集中的占比为30%；

（2）按照1:1的比例对训练集train进行欠采样，得到平衡的训练集train_u_s；

（3）使用GradientBoostingClassifier()函数建立模型，基于不平衡的训练集train对模型进行训练，得到model_ub，并记录模型训练的耗时；

（4）同样使用GradientBoostingClassifier()函数建立模型，基于欠采样后得到的平衡数据集train_u_s对模型进行训练，得到model_b，并记录模型训练的耗时；

（5）利用model_ub和model_b分别对测试集test进行预测，得到预测结果model_ub_p和model_b_p，其含义为取值为“1”的概率P(Y=1)；

（6）使用roc_auc_score()函数，基于测试集的真实分类和两类模型的预测结果计算两个模型的AUC，利用AUC对比二者的预测效果。

从运行结果看，由于欠采样大大降低了样本容量因此其模型训练所花时间仅为不平衡数据集的0.35%，但是模型的AUC却从0.773532提高到0.982119，提高幅度达到26.98%。这说明欠采样极大地改善了GBDT模型在credit数据集上的效能。

6.4.2 模型预测结果的偏离及其校正方法

上一节分别使用不平衡数据集和配平后的数据集训练了GBDT模型，分别得到了不平衡数据模型预测结果model_ub_p和平衡数据模型预测结果model_b_p。在下面代码中，分别计算了原始数据因变量Class的平均值、model_ub_p的平均值和model_b_p的平均值。

```
print("原始数据因变量平均值 %f" % credit.Class.mean())
print("不平衡模型预测结果平均值 %f" % model_ub_p.mean())
```

[1] 由于不同计算机的性能存在差异，因此读者自行操作所得到的模型训练耗时会与本书呈现结果不同。

```
print("平衡模型预测结果平均值 %f" % model_b_p.mean())
```

```
原始数据因变量平均值        0.001727
不平衡模型预测结果平均值    0.001484
平衡模型预测结果平均值      0.057937
```

代码运行结果显示,平衡模型预测结果的平均值远大于不平衡模型预测结果平均值,也远大于原始数据因变量Class的平均值。这说明数据配平改变了因变量比例,从而导致平衡模型的预测结果发生了漂移。

预测结果的漂移意味着预测结果分布与实际结果分布存在较大差异。配平后的预测打分若不经过校正,则打分值不具有实际意义,不是准确的P(Y=1),无法作为最终判断分类的概率依据。为了解决这一问题,笔者提出采用如下方法解决预测结果漂移问题:

```
rectify_model = LogisticRegression()
rectify_model.fit(
    X=model_b.predict_proba(train.drop("Class",axis=1))[:,[1]],
    y=train["Class"])
model_b_p_rectify=rectify_model.predict_proba(model_b_p.reshape(-1,
1))[:,1]
print("校正后平衡模型预测结果平均值 %f" % model_b_p_rectify.mean())
print("平衡模型 AUC = %f" %
    roc_auc_score(y_true=test["Class"],y_score=model_b_p_rectify))
```

```
校正后平衡模型预测结果平均值 0.001749
平衡模型 AUC = 0.984062
```

上述代码主要进行了如下操作:

(1)使用scikit-learn库中的LogisticRegression()函数建立logistic回归模型,命名为“rectify_model”,用于对预测结果重新建立单调映射;

(2)使用平衡模型model_b对原始数据(不平衡数据)进行预测,得到的结果作为rectify_model的解释变量x;

(3)将原始数据(不平衡数据)的因变量Class作为rectify_model的被解释变量y;

(4)使用x和y训练rectify_model模型①;

① 由于配平后的模型预测结果会出现漂移,即预测的概率与不平衡模型相比整体偏大或偏小。为了校正这一偏差,此时使用配平后模型的预测结果作为自变量,实际类别为因变量,训练logistic回归模型,旨在建立配平后模型预测值与真实类别间一对一的映射,该映射模型可用于校正具体预测结果的漂移。

(5)将平衡模型在测试集上的打分作为x,使用rectify_model的预测结果作为漂移的校正结果。

观察代码执行结果可以看到,校正后模型在测试集上的打分无漂移,与原始数据因变量平均值相近,且校正后的打分不影响AUC。

6.4.3 欠采样对预测稳定性的影响

欠采样会导致样本的损失,影响训练集的代表性,使模型泛化能力降低,其表现就是使用相同的欠采样方法对数据集进行多次独立的配平,并用得到的平衡数据集对模型进行训练,所得到模型的AUC会呈现较大差异,即模型的预测能力是不稳定的。解决这一问题的思路是采用集成算法的思想,对数据集进行多次有放回的欠采样,得到多个相互独立的平衡数据训练集,使用这些数据集训练出多个模型,并结合这些模型的预测结果得到最终预测结果。imbalanced-learn程序包中的EasyEnsemble和BalanceCascade方法均可以很好地实现这一功能。下面我们通过一个例子来检验欠采样对模型预测稳定性的影响。

```
auc = pd.Series(index=range(100),dtype="object")
model_predicts = pd.DataFrame(index=test.index)
for i in range(100):
  train_u_s = under_sampling(train,
                             target_col="Class",
                             balance_rate=1,
                             random_state=i)
   model_balance = GradientBoostingClassifier()
   model_balance.fit(X=train_u_s.drop("Class",axis=1),y=train_u_s["Class"])
   predict = model_balance.predict_proba(test.drop("Class",axis=1))[:,1]
   auc[i] = roc_auc_score(y_true=test["Class"],y_score=predict)
   model_predicts["model_%d" % i]=predict
```

在上述代码中构造了100个欠采样得到的平衡数据训练集,并比较使用这些平衡数据训练出来的模型的预测稳定性,具体过程如下:

(1)构造一个序列auc用于存储100个模型的AUC;

(2)构造一个数据框model_predicts用于存储100个模型的预测结果;

(3)构造循环(循环次数为100),每次循环需要进行如下操作:

(a)使用前面我们构造的函数under_sampling() 进行欠采样得到平衡的训练集,并暂存在train_u_s中;

(b)构造GBDT模型model_balance,使用平衡的训练集train_u_s对

其进行训练；

(c)使用model_balance对测试集test进行预测，将结果暂存在predict中(测试集test由代码 6.7中的相应语句产生，在100次循环中保持不变)；

(d)根据预测结果predict计算模型的AUC，并将计算结果保存在序列auc中，同时将predict也保存在数据框model_predicts中。

通过上述步骤，经过100次独立的欠采样得到100个独立的平衡训练集，进而训练得到100个GBDT模型，使用这些模型对同一个测试集test进行预测，得到了100个GBDT模型的AUC。在下面代码中我们绘制了这100个AUC的序列图，并计算了最大值和最小值，从中可以观察模型预测的稳定性。在该段代码最后，简单的计算了存储在model_predicts中的100个模型预测值的均值ensemble_predict，并以其为预测结果同样计算了AUC。这里的ensemble_predict实质上就是基于Bagging思想得到的集成学习分类结果。

```
# 将100个AUC结果画图展示
auc.plot()
plt.xlabel("random seed")
plt.ylabel("auc")
plt.show()
print("AUC最大值=%f,AUC最小值=%f" % (auc.max(),auc.min()))
# 计算行平均值
ensemble_predict=model_predicts.mean(axis=1)
print("ensemble模型 AUC = %f" % roc_auc_score(y_true=test["Class"],
                                  y_score=ensemble_predict))
```

```
AUC最大值 = 0.983928,AUC最小值 = 0.973699
ensemble模型 AUC = 0.982928
```

通过观察图6.2可以看出100个模型的AUC存在较大波动。上述代码运行结果显示这100个模型的AUC在0.973~0.984之间变化，而对这100个模型的预测结果用计算均值的方式进行整合(ensemble)，即相当于100个模型共同给出最终结果，这样可以在一定程度上消除抽样误差。从代码运行结果中可以看到，整合后的模型AUC为0.982928，比大多数单模型要好。若进行多次重复实验，可以发现整合后模型的AUC几乎不变，即模型的稳定性得到了极大改善。

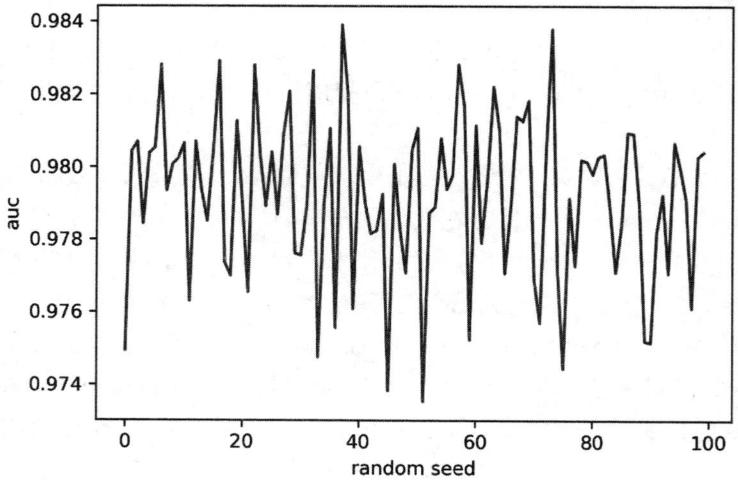

图 6.2　100个模型的AUC

本章练习

练习内容:使用本章所介绍的方法对以下数据集进行不平衡数据的配平。

数据集名称:

January Flight Delay Prediction: US Flight Data for the month of Jan 2019 and Jan 2020

数据集介绍:该数据集来自美国政府运输统计局,收集了2019、2020两个年份一月的所有航班信息,用以分析航班延误现象,特别是进行一月份目的地机场的航班延误情况。

数据集链接:

https://www.kaggle.com/divyansh22/flight-delay-prediction.

第7章　数据归约

在进行数据分析时,我们总是希望数据越多越好。样本越多,意味着对研究对象观察的规模越大,因而遗漏的信息就越少;变量越多,意味着对研究对象观察的角度越丰富,因而对信息的掌握越全面。但是在数据分析过程中,数据量却并不总是多多益善。一方面,变量过多,可能造成共线性增加,模型训练效率低下;另一方面,样本数过多,会造成模型训练耗时过长,但同时对于研究效果提升不显著。因此对于数据分析而言,“合理”“够用”往往才是我们的目标。数据归约是指在保证数据集信息含量的基础上减少变量或样本的工作,本章将对数据归约的概念和方法进行介绍。

数据归约(data reduction)是指在尽量保持数据集原貌的前提下减少数据规模,从而提高运算效率。这里的“尽量保持数据集原貌”指的是在数据归约过程中,数据集中所包含的有价值信息不产生大的损失,对于分析结论不产生大的影响。数据归约有两种形式:维度归约(dimensionality reduction),即减少数据集中变量(列)的数量;数量归约(numerosity reduction),也可以称为样本归约,即减少数据集中样本(行)的数量。

维度归约通常有两个思路:一是变量选择,即直接删除分析价值较低的变量;二是变量合并,即将类似变量合并成为一个变量。两个思路都有很多实现方式,变量选择可以基于相关系数等简单统计量或一些模型等实施;变量合并可以使用主成分分析等方式实现。本章将主要介绍变量选择的方法。

数量归约是指从所有样本中选择一个有代表性的子集,因此也称为样本归约。根据数据科学研究的经验,模型预测准确度并不会总是随着样本数量的增加而同步增加,往往会在样本量达到一定量级后稳定在一个水平。因此,如果能够找到这一“足够的样本量”,则可以在保证较高预测精度的同时,大幅降低样本量,从而提高效率。

数据归约是数据准备的重要环节,其对于数据分析的意义在于:第一,可以降低无效、错误数据对数据建模的影响,提高建模准确性;第二,大幅缩减模型的训练时间,在需要反复训练模型的场景下能够极大地提高建模效率;第三,可以降低数据存储的空间成本;第四,属性归约可以减少维度数量,从而适应一些建模算法的需求。

在本章中使用信用卡欺诈检测数据集来演示数据归约的相关操作，下述代码给出了使用到的各代码库。

```
import pandas as pd
import numpy as np
import copy
import time
from scipy.stats import pearsonr,spearmanr,f_oneway
from imblearn.under_sampling import RandomUnderSampler
from sklearn.ensemble import GradientBoostingClassifier
from sklearn.linear_model import Lasso
from sklearn.model_selection import train_test_split
from sklearn.metrics import roc_auc_score
import matplotlib.pyplot as plt
```

为了能够更好地演示数据归约，在下述代码中进行了如下操作：

第一，读取信用卡欺诈检测数据集；

第二，使用scikit-learn库中的train_test_split()函数将数据集切分为训练集train和测试集test；

第三，由于信用卡欺诈检测数据集中作为因变量的Class是一个典型的不平衡数据，因此使用了上一章介绍过的imbalanced-learn库中的欠采样函数RandomUnderSampler()按照1:2的比例对训练集进行数据配平，得到配平后的训练集train_b；

第四，为了方便后续建模操作，对配平后的训练集和测试集进行了进一步变量抽取，形成了用作因变量的train_y和test_y，以及用于自变量的train_x和test_x。

```
# 读取信用卡欺诈检测数据集，并切分为训练集和测试集
credit = pd.read_csv("creditcard.csv",header=0,encoding="utf8")
# 切分训练和测试集
train,test = train_test_split(credit,
                              test_size=0.3,
                              random_state=0,
                              stratify=credit["Class"])
# 对训练集平衡抽样，采用欠采样方法
random_u_s = RandomUnderSampler(sampling_strategy=0.5,random_state=0)
x, y = random_u_s.fit_resample(X=train.drop("Class", axis=1), y=train
```

```
["Class"])
train_b = pd.DataFrame(np.column_stack((x,y)),
              columns=train.columns).astype(train.dtypes)
# 划分自变量和因变量
train_x,train_y = train_b.drop("Class",axis=1),train_b["Class"]
test_x,test_y = test.drop("Class",axis=1),test["Class"]
```

为了能够形象的展示数据归约对数据建模的意义，在下述代码中首先使用未进行数据归约的全部数据建立了GBDT模型，该模型将作为比较基准，通过与后文使用的各种方法进行数据归约后再建立的模型进行比较来反映数据归约的效果。模型的对比主要基于三个方面：第一，自变量个数，反映数据归约的直接结果；第二，训练耗时，反映数据归约对于建模效率的影响；第三，模型的AUC，反映数据归约对模型预测能力的影响。

```
# 使用训练集的全部变量训练GBDT模型
start = time.time()
model_all = GradientBoostingClassifier(random_state=0)
model_all.fit(X=train_x,y=train_y)
duration = time.time()-start
# 在测试集上计算全模型的AUC,作为实验对照
auc_all = roc_auc_score(y_true=test_y,
                        y_score=model_all.predict_proba(test_x)[:,1])
print("model_all自变量个数:%d\n" % train_x.shape[1])
print("model_all训练耗时:%f秒\n" % duration)
print("model_all的AUC:%f" % auc_all)
```

```
model_all变量个数: 30
model_all训练耗时: 0.335380秒
model_all的AUC: 0.978633
```

这段代码主要完成了以下三个方面的工作：

第一，使用time库中的time()函数获取系统时间，并在模型建立之后再次调用该函数，并计算得到模型训练耗时duration；

第二，使用scikit-learn库中的GradientBoostingClassifier()函数，基于训练集数据建立GBDT模型model_all，设定随机种子random_state为0；

第三，使用scikit-learn库中的roc_auc_score()函数，基于测试集数据计算模型的AUC值。

从代码执行结果可以看到，使用全部数据的model_all有30个自变量，模

型训练耗时为 0.34 秒[①]，模型的 AUC 为 0.979。

7.1 变量选择

本节介绍常用的变量选择方法。在进行变量选择时需要遵循的原则是剔除的变量必须对数据分析影响较小，因此本节所介绍的几种变量选择方法都是以变量对数据分析的影响程度为主要选择依据。具体包括使用统计量、决策树模型和 Lasso 算法三种方法。

7.1.1 使用统计量选择变量

1. 使用相关系数选择变量

相关系数是度量两个变量之间相关程度的统计量。常用的有 Pearson 相关系数和 Spearman 相关系数。变量 X 和 Y 的 Pearson 相关系数的定义为：

$$r=\frac{\sum(x_i-\bar{x})(y_i-\bar{y})}{\sqrt{\sum(x_i-\bar{x})^2\cdot\sum(y_i-\bar{y})^2}}$$

其中，x_i 和 y_i 分别为变量 X 和 Y 的第 i 个样本，$\bar{x}$ 和 $\bar{y}$ 为它们的样本均值。

变量 X 和 Y 的 Spearman 相关系数其实是等级变量之间的 Pearson 相关系数。等级指的是每个原始数据依据其在变量中的降序位置，被分配了一个等级。最大的值等级为 1，其次等级为 2，依此类推。若令 R_i、S_i 分别为变量 X 和 Y 的第 i 个等级，$\bar{R}$、$\bar{S}$ 为其平均等级，则变量 X 和 Y 的 Spearman 相关系数可以表示为：

$$r_s=\frac{\sum(R_i-\bar{R})(S_i-\bar{S})}{\sqrt{\sum(R_i-\bar{R})^2\cdot\sum(S_i-\bar{S})^2}}$$

无论是 Pearson 相关系数还是 Spearman 相关系数，其值均在 $[-1, 1]$ 之间分布，当其值为 0 时两个变量不相关，当其值为 1 或 -1 时，表示两个变量完全正相关或完全负相关，相关系数的绝对值越大，说明两个变量的相关性越强。

在下述代码中，分别计算了每个变量与因变量 Class 的 Pearson 相关系数和 Spearman 相关系数，并将两个相关系数的绝对值均高于 0.5 的变量保留下

① 读者可能感觉这一训练已经非常快了，是否还需要进行数据归约？事实上，由于该数据集的因变量为不平衡分类变量，因此我们用欠采样的方式进行了数据配平，此举大大降低了训练集样本量（配平后的样本量为 1000 多个），因此训练耗时较短。本章所介绍的数据归约方法，在训练集数据量较大时，能够体现其作用。还需要读者注意的是模型的训练耗时计算与计算机的性能等诸多因素有关，读者在自行尝试类似操作时会得到不同的耗时结果。

来,其余变量由于相关系数较低被剔除。需要指出的是,这里将“0.5”作为筛选标准,其依据来自经验。后文中作者会看到,经过变量选择,进一步提高了模型的AUC,因此说明这一筛选标准可行。在实际操作中,读者可能需要进行多次试验,以确定更加合理的筛选标准。

这段代码中具体执行的操作包括:

第一步,建立pearson和spearman两个序列,使用for循环,调用scipy.stats库中的pearsonr()和spearmanr()两个函数分别计算train_x中的每个变量与train_y的两种相关系数,存入上述两个序列中;

第二步,使用“与”运算,得到满足“在pearson和spearman两个序列中绝对值同时大于0.5”这一条件的逻辑值序列var_cor;

第三步,将序列var_cor中值为true的元素的索引值 提取出来,这即是需要保留的变量名。

经过上述操作,得到了序列var_cor,该序列中记录了保留下来的变量,从而实现了使用相关系数进行变量选择。

```
# 计算训练集每一列与因变量的Pearson和Spearman相关系数
pearson = pd.Series(name="pearson correlation",dtype="object")
spearman = pd.Series(name="spearman correlation",dtype="object")
for i in train_x:
  pearson[i] = pearsonr(train_y,train_x[i])[0]
  spearman[i] = spearmanr(train_y,train_x[i])[0]
# 查找两个相关系数的绝对值同时大于0.5的变量
var_cor = (pearson.abs()>0.5)&(spearman.abs()>0.5)
var_cor = var_cor[var_cor].index # 提取变量名
print(pd.DataFrame((pearson,spearman)).T)
print("\n与因变量相关性较强的自变量为:\n%s" % var_cor.values)
```

```
      pearson correlation     spearman correlation
Time          -0.188031                -0.185691
V1            -0.474460                -0.510973
V2             0.507948                 0.580620
V3            -0.609180                -0.666171
V4             0.734643                 0.724957
V5            -0.434133                -0.391585
V6            -0.384953                -0.420068
V7            -0.537650                -0.581558
V8             0.043739                 0.266340
```

```
V9          -0.585058       -0.571609
V10         -0.676888       -0.676969
V11          0.716269        0.679308
V12         -0.735139       -0.712462
V13         -0.049714       -0.031367
V14         -0.792759       -0.735624
V15         -0.067896       -0.059152
V16         -0.658762       -0.589776
V17         -0.635135       -0.543016
V18         -0.528036       -0.428010
V19          0.296641        0.268582
V20          0.173247        0.285183
V21          0.153023        0.415342
V22         -0.015611        0.012551
V23         -0.031182       -0.079948
V24         -0.109599       -0.134457
V25          0.037242        0.074822
V26          0.043844        0.054060
V27          0.099345        0.356051
V28          0.104593        0.258743
Amount         0.109410       -0.065648
与因变量相关性较强的自变量为:
['V2' 'V3' 'V4' 'V7' 'V9' 'V10' 'V11' 'V12' 'V14' 'V16' 'V17']
```

为了解这次变量选择对于数据建模的作用,在下述代码中,再次建立了GBDT模型model_cor,与前面所建立的model_all不同的是,model_cor中的自变量仅包括了var_cor中的变量。

```
# 使用相关系数筛选出的变量训练GBDT模型
start = time.time()
model_cor = GradientBoostingClassifier(random_state=0)
model_cor.fit(X=train_x[var_cor],y=train_y)
duration = time.time() - start
# 在测试集上计算AUC
auc_cor = roc_auc_score(y_true=test_y,
y_score=model_cor.predict_proba(test_x[var_cor])[:,1])
print("model_cor自变量个数:%d\n" % var_cor.size)
print("model_cor训练耗时:%f秒\n" % duration)
print("model_cor的AUC:%f" % auc_cor)
```

model_cor自变量个数：11
model_cor训练耗时：0.148105秒
model_cor的AUC：0.981351

从代码执行结果可以看到，model_cor保留了11个自变量，与model_all相比剔除了19个自变量；模型的训练耗时为0.15秒，明显低于model_all的0.34秒；同时model_cor的AUC为0.981，也高于model_all的0.979，这主要是因为剔除无关变量后，降低了模型过拟合，因此在测试集有更优表现。上述结果说明以相关系数为依据进行变量选择是可行且成功的。

2.使用方差分析的F检验结果选择变量

方差分析(analysis of variance，ANOVA)是用于检验两组或多组数据间样本均值的差异是否显著的方法，其检验形式是F检验。若检验结果是显著的，则说明不同组别的数据间具有明显的差异。方差分析的结果可以用于变量选择，以信用卡欺诈检测数据集为例其步骤如下：

第一步，建立anova和anova_sig两个序列，分别记录各变量F检验的P值以及P值是否小于0.01；

第二步，使用for循环，每次循环中以train_x中的一个变量为操作对象，令因变量Class为分组变量对其分组，调用scipy.stats库中的f_oneway()函数进行方差分析的F检验，并将其P值记录下来；

第三步，将P值小于0.01的变量保留下来，得到var_anova，作为变量选择的结果。

需要指出的是，本例以0.01作为筛选标准，是因为0.01是常用的显著性水平之一，读者根据实际情况也可以选择其他的显著性水平。

```
anova = pd.Series(name="P-value",dtype="object")
anova_sig = pd.Series(name="P<0.01",dtype="object")
for i in train_x:
  group_0 = train_x[i][train_y.eq(0)] # 创建Class=0的变量i数组
  group_1 = train_x[i][train_y.eq(1)] # 创建Class=1的变量i数组
  anova[i] = f_oneway(group_0,group_1)[1] # 执行anova,并记录P值
# 查找P值小于0.01的变量
anova = anova.to_frame()
anova = anova.join(anova_sig)
anova["P<0.01"] = anova["P-value"] < 0.01
var_anova = anova["P-value"][anova["P<0.01"]].index
print(anova)
print("\nF检验P<0.01的自变量为:\n%s" % var_anova.values)
```

```
        P-value          P<0.01
Time    1.146709e-09     True
V1      4.738586e-59     True
V2      8.773188e-69     True
V3      7.571549e-106    True
V4      9.883094e-176    True
V5      1.115575e-48     True
V6      8.596922e-38     True
V7      2.267879e-78     True
V8      1.602948e-01     False
V9      8.206843e-96     True
V10     3.168311e-139    True
V11     3.969103e-163    True
V12     4.365991e-176    True
V13     1.104635e-01     False
V14     1.108921e-223    True
V15     2.918281e-02     False
V16     1.947643e-129    True
V17     1.174856e-117    True
V18     3.661615e-75     True
V19     2.076560e-22     True
V20     2.128792e-08     True
V21     7.853045e-07     True
V22     6.164267e-01     False
V23     3.169557e-01     False
V24     4.199801e-04     True
V25     2.319506e-01     False
V26     1.592901e-01     False
V27     1.396059e-03     True
V28     7.649051e-04     True
Amount  4.297957e-04     True
F检验P<0.01的自变量为:
['Time' 'V1' 'V2' 'V3' 'V4' 'V5' 'V6' 'V7' 'V9' 'V10' 'V11' 'V12' 'V14'
 'V16' 'V17' 'V18' 'V19' 'V20' 'V21' 'V24' 'V27' 'V28' 'Amount']
```

观察代码执行结果，这次保留了23个自变量。在下面代码中，利用这23个自变量训练GBDT模型model_anova，从训练耗时0.17秒，模型AUC为0.980，无论是建模效率还是预测效果仍然优于model_all。

```
# 使用anova筛选出的变量训练GBDT模型
start = time.time()
model_anova = GradientBoostingClassifier(random_state=0)
model_anova.fit(X=train_x[var_anova],y=train_y)
duration = time.time()-start
# 在测试集上计算AUC
auc_anova = roc_auc_score(y_true=test_y,
          y_score=model_anova.predict_proba(test_x[var_anova])[:,1])
print("model_anova自变量个数:%d\n" % var_anova.size)
print("model_anova训练耗时:%f秒\n" % duration)
print("model_anova的AUC:%f" % auc_anova)
```

```
model_anova自变量个数:    23
model_anova训练耗时:      0.172599秒
model_anova的AUC:         0.979803
```

7.1.2　使用决策树模型选择变量

决策树(decision tree)模型[①]是最基础的机器学习算法,该算法形象地以树状结构建立模型,再现了人类决策的过程。决策树具有建立过程直观易理解、便于可视化、应用范围广等一系列优点,同时也存在不能保证得到全局最优决策树、容易形成复杂结构从而过拟合等缺点。在实际应用时,我们一般不会单独使用决策树模型,而是将其作为集成学习算法的基学习器,如本书常用到的GBDT算法,以及XGBoost算法等。

在建立决策树时,需要根据信息熵(information entropy)、基尼指数(gini index)等指标来度量自变量的不纯度(impurity),然后确定自变量纳入决策树的顺序,越早进入决策树的自变量对于因变量而言越重要。决策树的这一特点可以帮助我们确定自变量的重要性。

前面使用scikit-learn库的GradientBoostingClassifier()函数建立了包含所有变量的GBDT模型model_all。下述代码提取了model_all的feature_importances属性,它度量的是变量在GBDT模型所包含的所有决策树上的平均重要性。然后根据该属性的数值,我们提取了大于0.01的8个变量,其变量名被保存在var_tree中。

```
# 使用全部变量建立的GBDT模型,提取变量的重要度
feature_imp = pd.Series(model_all.feature_importances_,
index=train_x.columns)
```

① 决策树模型的详细信息请读者自行阅读机器学习模型的相关资料。

```
# 取重要度最大的8个变量
var_tree = feature_imp.sort_values(ascending=False).head(8).index
print("变量重要性排序:\n",feature_imp.sort_values(ascending=False))
print("\n重要度较高的自变量为:\n%s" % var_tree.values)
```

```
变量重要性排序:
V14     0.773242
V4      0.058358
V10     0.052499
V12     0.016799
V7      0.014724
V20     0.014188
V22     0.012592
V21     0.011489
V26     0.006035
V3      0.005292
V1      0.004744
V19     0.002866
V11     0.002779
V2      0.002698
V15     0.002690
Amount  0.002563
V17     0.002526
V16     0.002402
V8      0.002019
Time    0.001968
V27     0.001748
V13     0.001106
V25     0.000991
V5      0.000985
V23     0.000905
V9      0.000742
V24     0.000578
V6      0.000239
V18     0.000140
V28     0.000090
dtype: float64
重要度较高的自变量为:
```

['V14' 'V4' 'V10' 'V12' 'V7' 'V20' 'V22' 'V21']

从代码运行结果中可以观察到，变量V14对因变量Class的重要性远高于其他变量，变量V4和V10也相对比较重要，其他变量的重要性就相对较低了。基于这一结果，在某些情况下以牺牲一点预测精度为代价，进一步将自变量限定在V14、V4和V10三个内，可以在保证预测精度大致不降低的情况下进一步提高预测效率[①]。在接下来的代码中，基于var_tree，建立了模型model_tree，并观察了该模型的自变量个数、训练耗时和AUC。

```
# 使用筛选出的8个重要变量训练GBDT模型
start = time.time()
model_tree = GradientBoostingClassifier(random_state=0)
model_tree.fit(X=train_x[var_tree],y=train_y)
duration = time.time() - start
# 在测试集上计算AUC
auc_tree = roc_auc_score(y_true=test_y,
            y_score=model_tree.predict_proba(test_x[var_tree])[:,1])
print("model_tree自变量个数:%d\n" % var_tree.size)
print("model_tree训练耗时:%f秒\n" % duration)
print("model_tree的AUC:%f" % auc_tree)
```

```
model_tree自变量个数: 8
model_tree训练耗时: 0.103249秒
model_tree的AUC: 0.979970
```

从执行结果可以观察到，model_tree的训练耗时仅为0.10秒，模型的AUC也进一步提升到0.98，这一结果不但优于model_all，还优于model_cor和model_anova。是目前关于信用卡欺诈检测数据集最好的数据归约方案。

7.1.3　使用Lasso算法选择变量

Lasso算法是一种收缩(shrink)算法，全称为Least absolute shrinkage and selection operator。该算法是对普通最小二乘法(OLS)的改进，其主要思想是在模型自变量系数绝对值之和小于某一给定常数的约束下，最小化残差平方和，从而使一些系数严格等于0，实现变量的选择。从另一个角度理解，Lasso算法相当于为普通最小二乘法加上一个包含调节系数的惩罚项，从而控制模型中变量的数量。

在下面代码中使用Lasso算法进行变量选择。具体步骤如下：

---

① 在建模过程中，变量数量(即模型复杂度)与预测精度是相互矛盾的，因此读者在实际操作时需要综合考虑，平衡模型复杂度与预测精度的关系。

第一步，首先使用scikit-learn库中的Lasso()函数，基于所有自变量进行训练。其中参数alpha为调节系数，其值越大选入的变量个数就越少，在本例中设定为0.03；

第二步，提取变量参数并将其存入序列coef；

第三步，剔除系数为0的变量，余下变量的变量名存入var_lasso。

```
# 建立Lasso模型,正则惩罚项alpha越大,选入的变量越少
lasso = Lasso(alpha=0.03,random_state=0)
lasso.fit(train_x,train_y) # 使用全部训练集训练LASSO模型
coef = pd.Series(lasso.coef_,index=train_x.columns) # 提取回归系数
var_lasso = coef[coef.ne(0)].index # 取得回归系数不等于0的变量名
print("Lasso模型回归系数:\n",coef)
print("\nLasso模型筛选出的自变量为:\n%s" % var_lasso.values)
```

```
Lasso模型回归系数:
Time    -1.430945e-07
V1      -2.049938e-03
V2       5.753377e-03
V3      -0.000000e+00
V4       3.423208e-02
V5       0.000000e+00
V6      -0.000000e+00
V7      -0.000000e+00
V8      -4.484684e-03
V9       0.000000e+00
V10     -2.383363e-03
V11      0.000000e+00
V12     -0.000000e+00
V13     -0.000000e+00
V14     -6.360190e-02
V15     -0.000000e+00
V16      0.000000e+00
V17      0.000000e+00
V18      2.489120e-03
V19     -0.000000e+00
V20      0.000000e+00
V21      0.000000e+00
V22      0.000000e+00
```

```
V23      -0.000000e+00
V24      -0.000000e+00
V25      -0.000000e+00
V26      -0.000000e+00
V27      -0.000000e+00
V28       0.000000e+00
Amount   2.452717e-04
dtype: float64
Lasso模型筛选出的自变量为:
['Time' 'V1' 'V2' 'V4' 'V8' 'V10' 'V14' 'V18' 'Amount']
```

从运行结果可以看到,多数变量的系数收缩为0,只有9个变量的系数不等于0,这些变量就是被选择出来的变量。需要注意的是,这一结果是在参数alpha设定为0.03时得到的,读者们可以尝试将alpha设定为其他值,以获取不同的变量选择结果。在接下来的代码中,基于var_lasso,建立了模型model_lasso,并观察了该模型的自变量个数、训练耗时和AUC。

```
# 使用筛选出重要变量训练GBDT模型
start = time.time()
model_lasso = GradientBoostingClassifier(random_state=0)
model_lasso.fit(X=train_x[var_lasso],y=train_y)
duration = time.time()-start
# 在测试集上计算AUC
auc_lasso = roc_auc_score(y_true=test_y,
           y_score=model_lasso.predict_proba(test_x[var_lasso])[:,1])
print("model_lasso自变量个数:%d\n" % var_lasso.size)
print("model_lasso训练耗时:%f秒\n" % duration)
print("model_lasso的AUC:%f" % auc_lasso)
```

```
model_lasso自变量个数:    9
model_lasso训练耗时:      0.145002秒
model_lasso的AUC:         0.979241
```

从执行结果可以观察到,model_lasso的训练耗时为0.15秒,模型的AUC为0.98,这一结果是优于model_all的,说明通过Lasso算法选择变量,可以改善模型的建模效率和预测精度。

7.2 样本归约

在上一节介绍了变量选择的方法，通过降低数据集维度的方式实现数据归约。本节介绍如何合理地降低样本数，从而减少数据量，提高模型的建模效率。

对于数据建模来说，样本量总是多多益善的。但是样本量的增加并不会一直以相同的速度提高模型的预测精度，而会在达到某一个样本量之后令模型预测精度呈现缓慢增长甚至停止增长。因此如果能够找到这一“足够的样本量”，则可以避免因添加过多对提高预测精度无意义的数据而造成系统资源的浪费。

在下述代码中使用绘图的方式找出这一“足够的样本量”，具体步骤如下：

第一步，生成序列 result 用于存储不同样本容量下 GBDT 模型的 AUC，该序列的 index 与后续 for 循环的循环变量 i 一致；

第二步，建立 for 循环，循环变量从 50 开始，每次增加 10，一直达到训练集 train_b 所包含的最大数据量为止；

第三步，在每次循环中使用 DataFrame.sample() 函数对训练集 train_b 进行样本容量为 i 的随机抽样；

第四步，使用抽样得到的数据训练 GBDT 模型，计算其在测试集上的 AUC，并根据本次循环中循环变量 i 的值将 AUC 记录到 result[i] 中；

第五步，将序列 result 使用 plot.line() 绘制成为折线图（见图 7.1）。

```
result = pd.Series(index=range(50,train_b.shape[0],10),
dtype="object")
for i in range(50,train_b.shape[0],10):
    sample = train_b.sample(n=i,random_state=0)
    train_x,train_y = sample.drop("Class",axis=1),sample["Class"]
    m = GradientBoostingClassifier(random_state=0)
    m.fit(X=train_x,y=train_y)
    result[i] = roc_auc_score(y_true=test_y,
                              y_score=m.predict_proba(test_x)[:,1])
# 将结果画在一张折线图里
result.plot.line()
plt.xlabel("number of samples")
plt.ylabel("AUC")
plt.show()
```

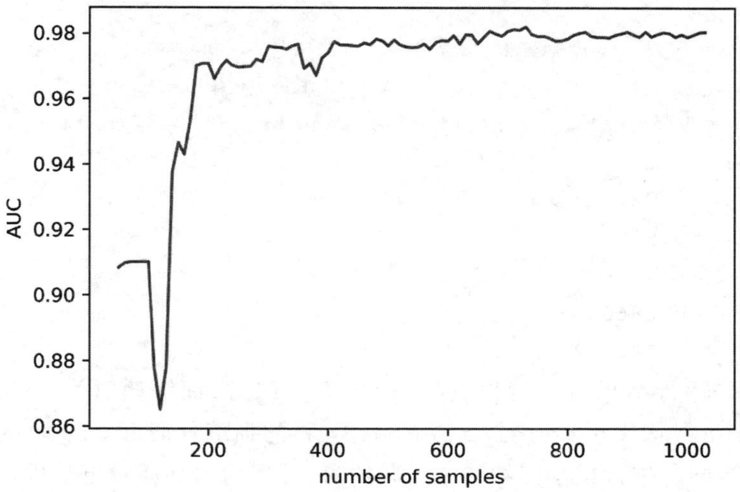

图 7.1　样本数量与模型 AUC 的关系

从图 7.1 中可以清晰的观察到，随着样本量增加，模型的 AUC 也在增加，到样本量增加到 600 以上，模型的 AUC 就趋于稳定，这说明再继续增加样本也不能够明显提升模型的 AUC。为了观察样本归约对数据建模的影响，下述代码建立了两个模型。第一个模型单纯的进行了样本归约，对训练集进行了容量为 700 的抽样，并训练了 GBDT 模型，观察了模型的训练耗时和 AUC；第二个模型所做的工作与第一个模型基本相同，区别在于除了进行样本归约以外，还基于决策树模型选择变量的方法，使用决策树选择出的自变量进行了维度归约，以便进一步观察其对于训练耗时和模型 AUC 的影响。

```
# 对训练集进行容量为700的随机抽样
sample = train_b.sample(n=700,random_state=0)
train_x,train_y = sample.drop("Class",axis=1),sample["Class"]
start = time.time()
m = GradientBoostingClassifier(random_state=0)
m.fit(X=train_x,y=train_y)
duration = time.time()-start
auc_m = roc_auc_score(y_true=test_y,y_score=m.predict_proba(test_x)[:,1])
print("仅样本归约:\n训练耗时:%f秒\nAUC:%f" % (duration,auc_m))
# 同时对训练集进行容量为700的随机抽样和使用树模型对变量进行筛选
start = time.time()
m = GradientBoostingClassifier(random_state=0)
m.fit(X=train_x[var_tree],y=train_y)
```

```
duration = time.time()-start
auc_m = roc_auc_score(y_true=test_y,
y_score=m.predict_proba(test_x[var_tree])[:,1])
print("\n样本归约且变量选择:\n训练耗时:%f秒\nAUC:%f" % (duration,auc_m))
```

```
仅样本归约：
训练耗时：     0.228413秒
AUC：         0.980658
样本归约且变量选择：
训练耗时：     0.086090秒
AUC：         0.982312
```

从代码运行结果可以看出，仅进行样本归约时，训练耗时为0.23秒，模型AUC为0.981，均优于model_all的0.34秒的训练耗时和0.979的模型AUC水平。而当同时进行样本归约和维度归约时，模型的训练耗时更是进一步降到了0.086秒，不但优于model_all的0.34秒，还优于之前训练耗时最快的model_tree的0.10秒。而在模型AUC方面，该模型依然达到了0.981，与model_tree的0.982相差无几。上述结果说明，同时对样本和维度进行归约，可以大幅提高模型的训练速度，同时维度归约还剔除掉了无关变量的干扰，有利于进一步提高预测精度。

本章练习

练习内容：使用本章所介绍的方法对以下数据集进行数据归约处理：

数据集名称：New York City Airbnb Open Data

数据集介绍：该数据集来自Airbnb，主要描述了2019年纽约市Airbnb房源的情况，包含关于房主、地理区域等指标，可用于租金价格预测及相关分析。

数据集链接：

https://www.kaggle.com/dgomonov/new-york-city-airbnb-open-data.

第8章　日期时间型数据处理

日期时间型数据是一类很特殊的数据，其特殊之处在于：

第一，日期时间型数据“表里不一”，例如“2020年1月3日21时0分0秒”，从形式上看这是一个字符串，很多时候日期时间型数据正是以字符串形式展示的。然而实际上日期时间型数据是以数值形式存储且可以参与运算的，如计算上述日期时间与2020年1月1日，0时0分0秒之间相差了多少个小时。

第二，日期时间型数据换算规则非常复杂。如60秒为1分钟、60分钟是1小时，而24小时是1日，日、星期、月、季度、年等的换算规则就更加复杂，因此无法直接使用类似二进制、十进制这样的规范形式来表示。

上述两个方面的特殊性导致了日期时间型数据在任何计算机系统内都是需要单独关注的数据类型。日期时间型数据是非常重要的数据类型。在本章将简单介绍Python中日期时间型数据的相关操作。

本章使用了Pandas和datatime两个代码库，并基于保险公司理赔数据集进行了演示，相关代码如下：

```
import pandas as pd
import datetime
data = pd.read_csv("loan.csv",header=0,encoding="gb2312")
```

8.1　日期时间型数据的概念

在Python中，datetime模块[①]提供了多种方式操作日期和时间。该模块能够有效地解析日期时间属性，并用于格式化输出和数据操作，同时支持日期时间的数学运算。与datetime有关的模块还包括提供日历相关函数的calendar模块和提供时间的访问和转换功能的time模块。

在计算机系统中，日期时间型数据其实是转换为数值形式存储的。具体方式是以“1970年1月1日0时0分0秒”这个时间点为0，然后每增加1秒就加1。每

① 读者可从以下网址进一步了解datetime模块的相关知识：https://docs.python.org/zh－cn/3.7/library/datetime.html.

个具体时间所对应的数字叫作时间戳(time stamp),在Python中时间戳采取float64格式存储。

为了展示日期时间型的存储原理,在下面代码中我们构造了六个日期时间,第一个时间为“1970年1月1日0时0分0秒”,其后四个日期依次增加了1秒、1分钟、1小时和1天,最后一个时间是笔者撰写本章内容的真实时间。

```
# 将日期时间从字符串状态转换为标准时间日期格式数据
dt_example = pd.Series("",name="日期时间")
dt_stamp = pd.Series(0.0,name="时间戳")
dt_example[0] = "1970/01/01 00:00:00"
dt_example[1] = "1970/01/01 00:00:01"
dt_example[2] = "1970/01/01 00:01:00"
dt_example[3] = "1970/01/01 01:00:00"
dt_example[4] = "1970/01/02 00:00:00"
dt_example[5] = "2023/08/10 21:10:36"
dt_example = pd.to_datetime(dt_example,format="%Y/%m/%d %H:%M:%S")
# 提取每个日期时间的时间戳
for i in range(6):
  dt_stamp[i] = dt_example[i].timestamp()
pd.set_option('display.float_format',lambda x: '%.1f' % x)
print(pd.DataFrame(list(zip(dt_example,dt_stamp)),
           columns=["日期时间","时间戳"]))
```

```
                 日期时间           时间戳
0 1970-01-01 00:00:00           0.0
1 1970-01-01 00:00:01           1.0
2 1970-01-01 00:01:00           60.0
3 1970-01-01 01:00:00           3600.0
4 1970-01-02 00:00:00           86400.0
5 2023-08-10 20:00:36           1691697636.0
```

这段代码主要包含两个操作:

(1)使用Pandas内置的to_datetime()函数将文本状态的日期时间转化datetime类型。其中关键是参数format的设置。format由以“%”开头的指令和字符组成,刻画了文本状态日期时间的结构,相关指令的含义见表8.1;

(2)使用datetime对象的timestamp()方法将每个日期时间的时间戳提取出来。

表 8.1　日期时间格式指令及其含义

指令	含义	示例
%a	文字表示的星期的缩写	Sun
%A	文字表示的星期的全称	Sunday
%w	十进制数表示的星期(0为星期日,6为星期六)	0,1,2,3,4,5,6
%d	补零后,以十进制数显示的月份中的一天	01,02,…,31
%b	文字表示的月份缩写	Jan
%B	文字表示的月份全称	January
%m	补零后,以十进制数显示的月份	01,02,…,12
%y	补零后,以十进制数显示的两位数的年	78,79,80
%Y	十进制数显示的四位数的年	1978,1979,1980
%H	补零后,以十进制数显示的小时(24小时制)	00,01,…,23
%I	补零后,以十进制数显示的小时(12小时制)	01,02,…,12
%p	AM(上午)或PM(下午)	AM,PM
%M	补零后,以十进制数显示的分钟	00,01,…,59
%S	补零后,以十进制数显示的秒	00,01,…,59
%j	补零后,以十进制数显示的一年内的日序号	001,002,…,366
%U	补零后,以十进制数显示的一年内的周序号(星期日为每周的第一天,每年第一个星期日前的日子为第0周)	00,01,…,53
%W	补零后,以十进制数显示的一年内的周序号(星期一为每周的第一天,每年第一个星期日前的日子为第0周)	00,01,…,53

从代码输出结果可以清楚地看到,1970年1月1日0时0分0秒的时间戳就是0.0;第二个时间比它多了1秒,因此时间戳为1.0;第三个时间比它多了1分钟,因此时间戳为60.0(1分钟=60秒);第四个时间比它多了1小时,因此时间戳为3600.0(1小时=3600秒);第五个时间比它多了1天,因此时间戳为86400.0(1天=86400秒)。读者可以根据最后一个时间了解一下本章写作时距离“1970年1月1日0时0分0秒”度过了多少秒。

8.2　日期时间型数据的转换与应用

在数据分析过程中,经常需要将日期时间的具体元素提取出来建立新的变量用于分析。下例给出了具体的方法。在这段代码中,主要使用了Pandas中的Series.dt系列方法。该方法允许将以datetime形式访问序列中的分量,并返回指定的日期时间属性。使用时需要在后面加上准备提取的属性名称，其形式为：Series.dt.<property>。

```
d1 = copy.deepcopy(data) #用于修改,避免影响原始数据
# 将date文本转换为标准时间日期格式数据
d1["date"] = pd.to_datetime(d1["date"],format="%Y/%m/%d")
date = d1["date"]
# 将date中的各日期时间元素提取出来,并建立单独变量保存
d1["year"] = date.dt.year # 提取年
d1["month"] = date.dt.month # 提取月
d1["day"] = date.dt.day # 提取日
d1["hour"] = date.dt.hour # 提取时
d1["minute"] = date.dt.minute # 提取分
d1["second"] = date.dt.second # 提取秒
d1["quarter"] = date.dt.quarter # 提取季度
d1["week"] = date.dt.isocalendar().week # 提取周数
d1["weekday"] = date.dt.dayofweek # 提取星期
d1["is_weekend"] = d1["weekday"].isin([5,6]) # 当天是否是周末
d1["day_of_year"] = date.dt.dayofyear # 提取date中的天
d1["leap"] = date.dt.is_leap_year # 当年是否是闰年
# 日期时间数据的应用
now = datetime.datetime.now() # 获取当前系统时间
time_diff = now - date # 计算date距离现在的时间差
d1["years_to_now"] = time_diff.dt.days / 365.25 # 计算距今年数
d1["months_to_now"] = time_diff.dt.days / 30.4375 # 计算距今月数
d1["weeks_to_now"] = time_diff.dt.days / 7 # 计算距今周数
d1["days_to_now"] = time_diff.dt.days # 计算距今天数
d1["hours_to_now"] = time_diff.dt.total_seconds()/3600 # 计算距今小时
# 将date时间日期格式转为指定文本格式
d1["date_str"] = date.dt.strftime('%B %d,%Y,%r')
#从数据集中抽取6个样本显示其结构
d1.drop(["amount","address"],axis=1).sample(n=6,random_state=1).T
```

上述代码除了对日期时间属性进行提取外，还应用日期时间型数据进行了计算演示，其具体方法为：首先，使用datetime对象的datetime.now()方法获得当前系统时间；然后用变量date减去当前系统时间得到各样本时间与当前时间的差值序列time_diff，然后进一步加工成为样本时间距离当前的年、月、日等数值。

在上述代码最后，使用序列的dt.strftime()方法将datetime格式的日期时间型数据转化为我们想让它呈现出来的格式。

由于输出结果较多，因此笔者随机抽取了数据集的6个样本，将代码输出结果转置后整理见表8.2，读者可以通过该表观察操作结果。

表8.2　对日期时间信息提取和应用的效果（抽取六个样本）

样本编号	231172	247824	361531	169080	375334	27669
age	36	45	43	39	32	40
gender	女	男	女	男	男	女
channel	个险	个险	个险	个险	个险	个险
date	2017/8/29 00:00	2018/1/7 00:00	2019/4/23 00:00	2017/11/13 00:00	2019/6/2 00:00	2018/2/7 00:00
year	2017	2018	2019	2017	2019	2018
month	8	1	4	11	6	2
day	29	7	23	13	2	7
hour	0	0	0	0	0	0
minute	0	0	0	0	0	0
second	0	0	0	0	0	0
quarter	3	1	2	4	2	1
week	35	1	17	46	22	6
weekday	1	6	1	0	6	2
is_weekend	FALSE	TRUE	FALSE	FALSE	TRUE	FALSE
day_of_year	241	7	113	317	153	38
leap	FALSE	FALSE	FALSE	FALSE	FALSE	FALSE
years_to_now	5.9	5.6	4.3	5.7	4.2	5.5
months_to_now	71.4	67.1	51.6	68.9	50.3	66
weeks_to_now	310.3	291.6	224.3	299.4	218.6	287.1
days_to_now	2172	2041	1570	2096	1530	2010
hours_to_now	52144.4	49000.4	37696.4	50320.4	36736.4	48256.4
date_str	August 29, 2017, 12:00:00 AM	January 07,2018, 12:00:00 AM	April 23, 2019, 12:00:00 AM	November 13,2017, 12:00:00 AM	June 02, 2019, 12:00:00 AM	February 07,2018, 12:00:00 AM

本章练习

练习内容:使用本章所介绍的方法对以下数据集进行日期时间型数据处理:

数据集名称:Used cars for sale in Germany and Czech Republic since 2015

数据集介绍:该数据集是在2015年后的一年多时间里从捷克共和国和德国的几个网站上抓取的二手车销售的数据。这个数据集存在大量缺失值、错误数据等问题。数据收集者的研究目的是通过对该数据集的分析与建模来预测二手车的价格,进而分析二手车价格的决定因素。

数据集链接:

https://www.kaggle.com/mirosval/personal-cars-classifieds.

第9章　文本数据处理

在如今大数据时代,海量文本数据快速积累,大规模文本数据处理方法是大数据分析的重要组成部分。文本数据是指以文本形式存储的数据,一般不能参与算术运算,也称为字符型数据。因此与数值型数据相比,文本数据处理有其特殊性,这使得对文本数据的处理和分析更具挑战性。主要体现在以下3个方面:

(1)非结构。文本数据通常是非结构化的,即没有固定的格式和组织形式,无法直接用数据二维逻辑表来表示。

(2)高维度。由于文本通常以字或词作为一个向量维度,因此文本向量的维数高达上万甚至上百万维。

(3)多样性。文本数据来源多样,涵盖新闻、社交媒体、论坛、博客等各种文本形式。同时,文本数据可能涉及多语言。

文本数据在不同的编程环境中表现为不同数据类型,在Python中以字符串(str)的类型存在,而在Pandas中文本数据以object类型存在。这是因为pandas中的数据类型继承自numpy的ndarray,ndarray的每个元素都必须明确占用内存的大小。对于数字类型的int64和float64来说,它们都固定的占用8个字节的内存,而字符串由于长度不固定,无法确定占用内存的大小,所以都用object类型,这个object类型可以看作是一个指向实际存储字符串位置的指针。

本章从正则表达式、社交媒体数据预处理和文本向量化三方面介绍如何将非结构的文本数据,尤其是自然语言数据,处理为可以参与计算的数值型数据。

9.1　正则表达式

正则表达式(regular expressions)是一种强大的文本处理工具,可以用于查找、匹配和替换文本中的特定模式。Python3自带re模块,提供正则表达式模式。re模块使Python语言拥有全部的正则表达式功能。re可以根据一个模式字符串和可选的标志参数生成一个正则表达式对象,该对象拥有一系列方法用于正则表达式匹配和替换。本节主要介绍Python中常用的使用正则表达式处理文本的方法。

首先本节介绍re的四个关键方法，快速了解如何使用正则表达式。

re.match方法尝试从字符串的起始位置匹配一个模式。匹配成功re.match 方法返回一个匹配的对象，否则返回None。函数语法为re.match(pattern,string,flags=0)，其中pattern为匹配的正则表达式，string为要匹配的字符串，flags为标志位，用于控制正则表达式的匹配方式。

re.search方法扫描整个字符串并返回第一个成功的匹配。函数语法为re.search(pattern,string,flags=0)，参数同match中的参数相同。两个方法区别在于，re.match只匹配字符串的开始，如果字符串开始不符合正则表达式，则匹配失败，函数返回None；而re.search匹配整个字符串，直到找到一个匹配。

re.compile方法用于编译正则表达式，生成一个正则表达式(Pattern)对象，供match和 search这两个函数使用。

```
import re
pattern = re.compile(r'\d+') # 模式为查找数字,用于匹配至少一个数字,
m1 = pattern.match('one12twothree34four',3,10) # 从'1'的位置开始匹配
print(m1.group(0)) # 获得一个或多个分组匹配的字符串
print(m1.start(0)) # 获取分组匹配的子串在整个字符串中的起始位置
m2 = pattern.search('one12twothree34four')
print(m2.group(0)) # 获得一个或多个分组匹配的字符串
print(m2.start(0)) # 获取分组匹配的子串在整个字符串中的起始位置
```

```
12
3
12
3
```

通常情况下我们需要找到所有满足模式要求的子串，此时可以使用findall方法。它在字符串中找到正则表达式所匹配的所有子串，并返回一个列表，如果有多个匹配模式，则返回元组列表，如果没有找到匹配的，则返回空列表。例如下面的例子：

```
result = pattern.findall('www.123.cn/456')
print(result)
```

```
['123','456']
```

正则表达式的难点在于编写“模式”字符串，正如“\d+”表示所有数字。模式字符串使用特殊的语法来表示一个正则表达式，通常遵循以下规则：

(1)字母和数字表示他们自身。

(2)多数字母和数字前加一个反斜杠时会拥有不同的含义。

(3)标点符号只有被转义时才匹配自身,否则它们表示特殊的含义。

(4)反斜杠本身需要使用反斜杠转义。由于正则表达式通常都包含反斜杠,所以你最好使用原始字符串来表示它们。模式元素(如r'\t',等价于'\\d+')匹配相应的特殊字符。

表9.1列出了正则表达式模式语法中的最常见特殊元素。

表9.1　正则表达式常见特殊元素

模式	描　　述
^	匹配字符串的开头
$	匹配字符串的末尾
.	匹配任意字符(除了换行符)
[···]	用来表示一组字符,单独列出
[^···]	不在[]中的字符
re+	匹配1个或多个的表达式。
a | b	匹配a或b
\w	匹配字母数字及下划线
\W	匹配非字母数字及下划线
\s	匹配任意空白字符,包括制表符、换行符等
\S	匹配任意非空字符
\d	匹配任意数字,等价于[0—9]
\A	匹配字符串开始
\z	匹配字符串结束

下面例子是使用正则表达式来检测一段文本是否为正确的电子邮箱地址格式,如果是的话会返回该电子邮箱地址,如果不是则会返回none。电子邮箱地址以“@”为界分为用户名(@前)和域名(@后)两个部分,其正则表达式的构造方法为:

➢用户名部分由字母、由若干个字母、数字、下划线和中划线组成,需要用到+表示多次出现,其表达式为[a-zA-Z0-9_-]+;

➢域名部分的一般规律为“[三级域名.]二级域名.顶级域名”[①],其表达式为表示为[a-zA-Z0-9_-]+(\.[a-zA-Z0-9_-]+)+;

➢电子邮箱地址的基本格式为“用户名@域名”,需要使用^匹配邮箱的开始部

① 例如“qq.com”,其中qq为二级域名,com为顶级域名;再如“live.outlook.com”,其中live为三级域名,outlook为二级域名,com为顶级域名。

分，用$匹配邮箱结束部分以保证邮箱前后不能有其他字符，得到的正则表达式为r"(^[a-zA-Z0-9_.+-]+@[a-zA-Z0-9-]+\.[a-zA-Z0-9-.]+$)"。

下面是使用该正则表达式进行匹配的示例。

```
import re
pattern = r"(^[a-zA-Z0-9_.+-]+@[a-zA-Z0-9-]+\.[a-zA-Z0-9-.]+$)"
email = "xyz123@outlook.com"
m1 = re.match(pattern,email) # 匹配
print(m1)
no_email = "123#.com"
m2 = re.match(pattern,no_email) # 不匹配
print(m2)
```

```
<re.Match object; span=(0,18),match='xyz123@outlook.com'>
None
```

正则表达式作为文本处理的工具非常强大，要在短短的一节里讲完是不可能的，因此本节只讲了最核心部分。建议如果经常遇到正则表达式的相关问题，可能需要一本专门的正则表达式参考书多多翻阅与学习。

9.2 社交媒体数据预处理

社交媒体在互联网上快速发展，人类生活已经与其密不可分。社交媒体是人们获取信息、传递消息、交友和娱乐等重要渠道，成为日常生活中不可或缺的一部分。社交媒体相关研究是目前的研究热点，社交媒体数据的预处理是社交媒体分析的关键一步。本节介绍社交媒体数据的预处理，尤其是文本形式的社交媒体数据。

本节以微博数据为例，社交媒体数据通常以JSON形式存储和传输。JSON (javascript object notation) 是一种轻量级的数据交换格式。Python3 中可以使用 json 模块来对 JSON 数据进行编解码，它包含了两个函数：json.loads()对数据进行解码，json.dumps()对数据进行编码。使用json.loads(string)对JSON形式文本字符串string进行解码得到以下微博字典对象。本节重点介绍如何预处理微博文本数据weibo_text。

```
import json
# 更新后的JSON格式的字符串
json_data = '''
{
  "id": "4031716971210xxx",
```

```
  "weibo_text": "#话题# XXXX公司上市申请获受理,将于10月18日起停牌 @USER
  https://xxx.com/yyy …. !!!",
  "created_at": "Mon Oct 17 23:54:54 +0800 2016",
  "user": {
    "gender": "f",
    "ucreated_at": "Mon Nov 02 20:26:39 +0800 2009",
    "statuses_count": "335",
    "followers_count": "72",
    "friends_count": "205",
    "uid": "1612994xxx",
    "screen_name": "榕树儿",
    "verified": "False"
  }
}
'''
# 使用json.loads()将JSON格式的字符串转换为Python对象
weibo_dict = json.loads(json_data)
# 打印转换后的Python对象
print(weibo_dict)
# 输出：包含上述JSON数据的Python字典对象
# 使用json.dumps()将Python对象转换为JSON格式的字符串
json_str = json.dumps(weibo_dict,ensure_ascii=False,indent=4)
# 打印转换后的JSON格式的字符串
print(json_str)
# 输出：上述JSON数据的格式化后的JSON字符串
```

9.2.1 提取正文关键信息和去除无关信息

社交媒体数据预处理第一步是提取正文关键信息，包括话题标签，提及用户和表情符号；第二步则是去除无关信息，包括特殊字符和链接等，以保证数据的准确性和一致性。下面代码使用上节学习的正则表达式对微博正文进行处理，在提取正文关键信息时进行了如下操作：

➢ 使用 re.findall() 函数来匹配文本中的话题标签、提及用户和表情符号；

➢ 对于话题标签，使用 #(.*?)# 的正则表达式来匹配 # 符号之间的内容；

➢ 对于提及用户，使用 @(\w+) 的正则表达式来匹配 @ 符号后面的用户名；

➢ 对于 emoji 表情符号，使用 emoji 的编码范围 u'[\U00010000-\U0010ffff]'作为正则表达式。

上述操作实现了对话题标签，提及用户和表情符号三个重要信息的提取，并打印输出。提取关键信息后，预处理第二步去除网页链接和其他符号。这里使用了正则表达式中的另一个函数 sub()，通过匹配网页链接和其他符号的字符串，并将其替换为空字符串的方式实现去除匹配字符串的效果。

```
weibo_text = "#话题# XXXX公司上市申请获受理,将于10月18日起停牌 @USER
https://xxx.com/yyy …. !!!"
# 第一步:提取关键信息
# 提取话题标签
topics = re.findall(r'#(.*?)#',weibo_text)
# 提取提及用户
mentioned_users = re.findall(r'@(\w+)',weibo_text)
# 提取emoji表情符号
emojis = re.findall(u'[\U00010000-\U0010ffff]',weibo_text)
# 输出提取内容
print("话题标签:",topics)
print("提及用户:",mentioned_users)
print("表情符号:",emojis)
# 第二步:去除无关信息
# 去除网页链接
weibo_text_no_links = re.sub(r'https?://\S+','',weibo_text)
# 去除其他无关信息
weibo_text_cleaned = re.sub(r'[^a-zA-Z0-9\u4e00-\u9fa5#@ ]','',
weibo_text_no_links)
# 输出最终结果
print("清理后的微博文本:",weibo_text_cleaned)
```

```
话题标签： ['话题']
提及用户： ['USER']
表情符号： ['  ']
#话题# XXXX公司上市申请获受理将于10月18日起停牌 @USER。
```

上述例子中的工作除了能够提取微博的关键信息外，还可以使文本内容更加精简，助于之后的文本分析和建模。

9.2.2 分词

微博(weibo)作为最大的中文社交媒体平台之一,大部分内容由中文构成。著名哲学家海德格尔曾说,词语破碎处,无物可存在。这说明了语言,尤其是词语的重要性。汉语是全世界唯一的三维文字,既有表音,又有表意,还有表形,是现阶段人类文明中最稳固也是最先进的语言体系。

与西方语言不同,中文的词与之词之间没有类似空格这样明显的边界,词和词组边界相对模糊,语义变化多样。因此为了让计算机更容易理解文本内容,需要对中文进行分词预处理,以对接NLP的基础问题。

Jieba是常用的中文分词工具,在保证分词准确性的同时分词效率较高。从算法上而言Jieba基于前缀词典实现高效的词图扫描,生成句子中汉字所有可能成词情况所构成的有向无环图 (DAG),采用了动态规划查找最大概率路径,找出基于词频的最大切分组合。下面例子演示了对前例得到的weibo_text_cleaned进行分词的操作:

```
import jieba
seg_list = jieba.cut(weibo_text_cleaned,cut_all=True)
print("Full Mode: " + " ".join(seg_list)) # 全模式
seg_list = jieba.cut(weibo_text_cleaned,cut_all=False)
print("Default Mode: " + " ".join(seg_list)) # 精确模式为默认模式
```

以上Python代码使用了jieba库来进行中文文本分词,具体操作为:

➢导入jieba库;

➢使用jieba.cut函数的全模式对weibo_text_cleaned进行分词;

➢使用jieba.cut函数的默认(精确)模式对weibo_text_cleaned进行分词;

➢将分词结果打印出来。

其中,jieba.cut函数实现中文分词,cut_all控制分词模式。精确模式试图将句子最精确地切开,更适合文本分析;全模式则把句子中所有的可以成词的词语都扫描出来,速度更快,但是不能解决歧义。除此之外,Jieba工具还支持自定义词典和关键词抽取等功能。

值得注意的是,随着自然语言处理的发展,由于分词算法对中文信息可能有一定的误判或者损耗,目前对于中文的理解大部分模型(如BERT)已经使用字级别的分析。因此,是否需要对社交媒体文本进行中文分词,需要根据实际问题来判断。

9.3 文本向量化

在自然语言处理中，文本向量化是将文本数据转换为数值形式的一种重要方法，使得计算机可以对文本进行处理和分析。文本向量化可以解释为映射，即将单词映射到另一个空间，生成一个在新空间上的表。这个映射可以表示为f(A)->B，其中A为文本数据空间，B为数值数据空间。常见的文本向量化方法包括词袋模型(bag of words)、TF-IDF模型、N元模型(N-Gram)、Word2vec模型和文档-向量模型(Doc2vec)等。这些方法或模型可以将文本中的单词、短语或句子转换为数值向量，以便计算机可以对文本进行分类、聚类、相似度计算等操作。文本向量化作为自然语言处理(NLP)必不可少的步骤，见证了自然语言处理从规则时代走向深度学习时代的进程。

在进行文本向量化过程中，需要关注以下三个问题：

(1)信息丢失。向量表达需要保留信息结构和文本之间的联系。

(2)可扩展性。方法应具有可扩展性，能够处理可变长文本信息。

(3)维数优化。高维数会提高精度，但时间和空间复杂性也被放大。低维度虽然时间、空间复杂度低，但以损失原始信息为代价，因此需要权衡最佳维度的选择。

本节主要介绍词袋模型、TF-IDF模型和Word2Vec模型三种常用的向量化方法。

9.3.1 词袋模型

词袋模型是一种常用的文本向量化方法，它将文本数据转换为数值向量的表示形式。在词袋模型中，文本被看作是一个袋子，里面装着各种单词，而忽略了单词出现的顺序和语法结构。词袋模型的转换过程包括以下几个步骤：

➢ 构建词汇表：首先需要构建一个包含文本中所有出现过的单词的词汇表。

➢ 统计单词出现次数：对于每个文本样本，统计词汇表中每个单词在该文本中出现的次数，形成一个向量。

➢ 向量化：将每个文本样本的单词出现次数向量作为其特征向量，从而将文本数据转换为数值向量的表示形式。

词袋模型的优点是简单易懂，易于实现。然而，它也存在一些缺点，例如无法捕捉单词之间的顺序信息和语义关系，也无法处理词汇表中未出现的单词。尽管有这些局限性，但在文本分类、聚类等任务中仍然是一个常用的文本向量化方法。

以下程序展示了使用CountVectorizer对文本进行词袋模型文本向量化。

```
from sklearn.feature_extraction.text import CountVectorizer
# 假设有以下已经被分词的文本数据
corpus = [
  "今天 天气 不错 ,出去 散步 吧 。"
  "新款 手机 发布 ！ 速度 抢购 ！"
  "这部 电影 真的 太 好看 了 ,推荐 给 大家 。"
  "最近 工作 很忙 ,加油 加油 加油 ！"
  "感谢 所有 关心 我们 的 朋友 ,我们 很好 。"
]
# 创建词袋模型向量化器
vectorizer = CountVectorizer()
# 对文本数据进行向量化
X = vectorizer.fit_transform(corpus)
# 输出词袋模型的特征词汇
print(vectorizer.get_feature_names_out())
# 输出向量化后的文本数据矩阵
print(X.toarray())
```

```
['不错' '今天' '关心' '出去' '加油' '发布' '大家' '天气' '好看' '工作' '很好' '很忙' '感谢' '我们' '所有' '手机' '抢购' '推荐' '散步' '新款' '最近' '朋友' '电影' '真的' '这部' '速度']
[[1 1 1 1 3 1 1 1 1 1 1 1 1 2 1 1 1 1 1 1 1 1 1 1 1 1]]
```

上述程序主要进行了如下操作：

➢ 从sklearn.feature_extraction.text模块中导入CountVectorizer类，这个类用于将文本数据转换为词袋模型的向量表示；

➢ 给定了一个包含多个文本片段的列表corpus，每个文本片段都已经被分词；

➢ 使用CountVectorizer()创建了一个词袋模型的向量化器对象vectorizer；

➢ 调用vectorizer.fit_transform(corpus)对文本数据进行向量化处理，得到了表示文本数据的矩阵X；

➢ 调用vectorizer.get_feature_names_out()打印了词袋模型的特征词汇，即所有出现在文本数据中的词汇；

➢ 打印了向量化后的文本数据矩阵X的数组表示。

9.3.2 TF-IDF 模型

TF-IDF(term frequency-inverse document frequency)是一种常用的文本向量化方法，它结合了单词在文本中的频率(TF)和单词在整个文档集合中的逆文档频率(IDF)，用于衡量单词在文本中的重要性。TF-IDF的计算过程包括以下几个步骤：

➢ 计算词频(TF)：对于给定的文本，计算每个单词在该文本中的出现频率。通常使用的计算公式是：单词在文本中出现的次数或文本中总单词数。

➢ 计算逆文档频率(IDF)：对于整个文档集合，计算每个单词的逆文档频率。逆文档频率的计算公式是：log(文档总数或包含该单词的文档数)。

➢ 计算 TF-IDF：将词频和逆文档频率相乘，得到每个单词的 TF-IDF 值。TF-IDF值越大，表示单词在文本中的重要性越高。

TF-IDF的优点是能够降低常见词语对文档的影响，同时增加罕见词语的影响。它能够更好地反映单词在文本中的重要性，同时减少了常见词汇的干扰。因此，TF-IDF常被用于信息检索、文本分类和聚类等任务中。同样存在无法捕捉词序和稀疏性的问题。以下程序展示了使用TfidfVectorizer对文本进行TF-IDF文本向量化。

```
from sklearn.feature_extraction.text import TfidfVectorizer
# 假设有以下已经被分词的文本数据
corpus = [
  "今天 天气 不错 ，出去 散步 吧 。"
  "新款 手机 发布 ！ 速度 抢购 ！"
  "这部 电影 真的 太 好看 了 ，推荐 给 大家 。"
  "最近 工作 很忙 ，加油 加油 加油 ！"
  "感谢 所有 关心 我们 的 朋友 ，我们 很好 。"
]
# 创建TF-IDF向量化器
vectorizer = TfidfVectorizer()
# 对文本数据进行向量化
X = vectorizer.fit_transform(corpus)
# 输出TF-IDF中的特征词汇
print(vectorizer.get_feature_names_out())
# 输出TF-IDF向量化后的文本数据矩阵
print(X.toarray())
```

```
['不错' '今天' '关心' '出去' '加油' '发布' '大家' '天气' '好看' '工作' '很
```

```
好' '很忙' '感谢' '我们' '所有' '手机' '抢购' '推荐' '散步' '新款' '最近'
'朋友' '电影' '真的' '这部' '速度']
[[0.16439899 0.16439899 0.16439899 0.16439899 0.49319696 0.16439899
 0.16439899 0.16439899 0.16439899 0.16439899 0.16439899 0.16439899
 0.16439899 0.32879797 0.16439899 0.16439899 0.16439899 0.16439899
 0.16439899 0.16439899 0.16439899 0.16439899 0.16439899 0.16439899
 0.16439899 0.16439899]]
```

上述代码和词袋模型比较类似，在创建向量化器时选择 TfidfVectorizer，注意区分。

9.3.3 Word2Vec模型

Word2Vec是一种用于将单词表示为连续向量空间中的向量的技术，它是由Google开发的一种词嵌入(word embedding)方法。Word2Vec通过学习单词在语料库中的上下文信息来创建单词的向量表示，从而捕捉单词之间的语义关系和上下文信息。Word2Vec模型通常基于神经网络，有Skip-gram和CBOW (continuous bag of words)两种常见的结构。

Word2Vec模型的训练过程通常涉及大量的文本数据，通过学习单词之间的语义关系和上下文信息，生成每个单词的密集向量表示，进而得到文本的向量表示。在Python中，可以使用Gensim库来实现Word2Vec模型，该库提供了方便的API来训练Word2Vec模型并使用训练好的模型来获取单词的向量表示。以下是一个使用Gensim库实现Word2Vec的简单示例，训练好Word2Vec模型后获取并输出某个词的向量表示。

```
from gensim.models import Word2Vec
from nltk.tokenize import word_tokenize
# 假设有已经被分词的文本
corpus = [
  "今天 天气 不错 ,出去 散步 吧 。"
  "新款 手机 发布 ！ 速度 抢购 ！"
  "这部 电影 真的 太 好看 了 ,推荐 给 大家 。"
  "最近 工作 很忙 ,加油 加油 加油 ！"
  "感谢 所有 关心 我们 的 朋友 ,我们 很好 。"
]
# 对文本进行分词
tokenized_corpus = [word_tokenize(doc.lower()) for doc in corpus]
# 训练Word2Vec模型
```

```
model = Word2Vec(sentences=tokenized_corpus,
                 size=100,
                 window=5,
                 min_count=1,
                 workers=4)
# 获取单词的向量表示
word_vector = model.wv['今天']
print(word_vector)
```

```
[ 0.00465665 0.00154133 -0.00319714 0.00446533 -0.00390172 -0.00112417
 -0.00073724 0.00409165 -0.00330536 -0.00353253 -0.00067582 -0.00093714
  0.00367696 -0.00452319 0.00287048 0.00356143 0.00405898 -0.00494653
  0.00282809 -0.0008979 -0.00454425 -0.00208334 0.00312673 -0.0047766
  0.00197803 0.00084945 0.0013491 -0.00105492 -0.00172512 -0.00491603
  0.00180243 -0.00399664 0.00020899 -0.00080691 -0.00036255 -0.00385519
  0.00147593 0.00369159 0.00047766 -0.0042576  0.00420057 -0.00276483
  0.00145662 -0.00365781 -0.00414765 0.00494505 0.00300057 -0.0023659
 -0.00095031 0.00124252 -0.00454111 -0.00104356 -0.00081909 -0.00024676
  0.0040373 -0.00110236 -0.0015523 -0.00112446 -0.00010549 0.00100864
 -0.00195121 -0.00475872 -0.00398961 -0.00083518 -0.00010324 0.00488747
 -0.0020592 -0.0009684 -0.0017318  0.00205839 0.00375676 0.00216927
 -0.00172034 0.000283  0.0038605 -0.00167912 0.00475801 0.00230735
 -0.00068594 0.00159895 0.00010637 0.00417883 -0.00379586 0.00434214
  0.00194474 0.00292701 -0.0048241 -0.00066933 -0.00442981 -0.00330537
 -0.00137924 0.003959  -0.00371501 -0.00388585 0.00179617 -0.00146159
 -0.00149031 0.00412469 0.00055363 -0.0044387 ]
```

上述程序包含了如下操作：

➢ 导入了所需的库，包括 gensim.models 中的 Word2Vec 和 nltk.tokenize 中的 word_tokenize；

➢ 导入一个已经被分词的文本语料库 corpus，包含了五个句子；

➢ 使用 nltk 的 word_tokenize 函数对文本进行分词，得到 tokenized_corpus 列表，其中每个元素是一个句子的分词结果；

➢ 使用 Word2Vec 模型对分词后的语料库进行训练，指定了向量的维度为 100，窗口大小为 5，最小词频为 1，使用 4 个工作线程进行训练；

➢ 通过 model.wv['今天'] 获取了单词“今天”的向量表示，并将其打印出来。

与前两个模型相比，Word2Vec 模型能够更好地捕捉单词之间的语义关系和上下文信息,从而提高文本数据的表示效果。Word2Vec是目前常用的一种文本向量化的算法。

在Word2Vec模型实际使用中,常常不是通过已掌握的数据来重新训练Word2Vec模型,而是应用他人已经通过大规模数据训练好的模型。在下面的示例代码中,展示了在这一场景下的用法。该代码利用上文已经训练出的模型model,获得句子(sentence)的向量表示。

```
import numpy as np
sentence = "今天 天气 不错 ,出去 散步 吧 。"
tokenized_sentence = word_tokenize(sentence.lower())
sentence_vector = np.zeros(model.vector_size)
for word in tokenized_sentence:
  if word in model.wv:
    sentence_vector += model.wv[word]
sentence_vector /= len(tokenized_sentence)
print(sentence_vector)
```

```
[ 9.86834464e-04 -1.68967454e-05 6.98887816e-04 1.08779233e-03
  6.18405029e-05 1.81508909e-04 7.32235192e-04 -1.39038254e-04
 -1.91382045e-04 -7.89702166e-04 5.78143292e-04 -5.94557392e-04
  1.62213025e-03 -1.94163345e-03 -7.24524223e-04 2.07378152e-03
  1.13998588e-03 -1.71306410e-03 -1.51004548e-04 1.09565394e-03
 -1.31322037e-03 8.00748196e-04 -2.10287846e-04 4.95148277e-04
 -6.16860138e-04 1.70579390e-03 1.46418348e-03 1.60388430e-04
 -9.17623343e-04 -4.70468545e-04 1.47016134e-03 -3.39511638e-03
  4.60237739e-04 -2.76721723e-04 -7.31222593e-04 3.40599858e-04
 -2.48764599e-04 7.95126085e-04 -2.71979243e-04 -1.25409635e-03
  2.56624924e-04 1.38379355e-03 6.07861148e-05 -1.28939668e-03
 -7.28799772e-04 -7.51228872e-05 2.22970995e-03 3.90378444e-04
  4.16140501e-04 7.87361205e-05 -1.13809291e-03 -1.74472250e-04
  4.10308607e-04 1.23258378e-05 6.01836808e-04 2.44741411e-03
  6.50483082e-04 -6.55289816e-04 2.28184554e-05 7.65260829e-04
  1.06687593e-03 2.87868053e-04 -2.42148920e-03 -1.08626833e-03
  1.31204691e-04 -5.63216450e-04 -2.32712699e-03 -1.39550706e-04
 -1.79179260e-03 8.47619845e-04 -4.05442028e-04 -2.20531547e-03
 -2.24115923e-04 1.61914559e-04 1.05600899e-03 1.32613422e-03
 -8.36495023e-04 -6.59128418e-05 2.57431395e-04 -8.38713866e-04
  8.22369733e-04 1.18429597e-03 -1.13058524e-03 1.03702421e-03
```

```
 1.03929849e-03 9.48557819e-04 -1.85679147e-03 6.98334828e-04
 1.16357269e-03 9.05705965e-05 -7.87869914e-04 4.56245765e-04
-8.24324408e-04 -2.89886462e-04 1.45437841e-03 -2.55512445e-04
 5.39774574e-05 1.01866131e-03 9.53575000e-05 1.09880208e-03]
```

以上代码，首先将sentence进行分词处理，然后初始化一个全零向量作为句子的初始向量表示。接着，遍历句子中的每个词，将其向量表示加到句子向量上。最后，将句子向量除以句子长度，得到每个词向量的平均值作为整个句子的向量表示，并将其打印出来，实现了使用已有Word2Vec模型对句子的向量表示。如果是对多句文本进行向量化，可以将上述代码修改为循环处理。

本章练习

练习内容：使用本章所介绍的方法对文本进行预处理：

数据集名称：Weibo nCoV Data

数据集介绍：新型冠状病毒（COVID-19）感染的肺炎疫情牵动着全国人民的心，全国同舟共济、众志成城，打响了一场没有硝烟的疫情阻击战。为助力疫情防控和疫情之后的经济社会恢复工作，吸纳大数据产业顶尖社会资源，充分释放专业人才智慧资源，北京市经济和信息化局、中国计算机学会大数据专家委员会联合主办“科技战疫·大数据公益挑战赛”。数据集即为竞赛所用数据，包含了大量相关微博数据。

数据集链接：

https://www.kaggle.com/datasets/liangqingyuan/chinese-text-multi-classification/data.

第10章　数据离散化

在我们获得的数据集中，变量的数据类型由其所反映事物的客观状态和数据采集时的客观技术条件所决定。但是当进入数据分析阶段后，经常会出现变量数据类型与分析需求不匹配的情况，此时需要对数据的类型进行转换。例如，一些机器学习方法（特别是一些分类器模型），如决策树、朴素贝叶斯模型等，要求输入数据是分类型数据（定性变量）。如果获取的数据是连续型数据，为了能够应用这些模型进行分析，就必须将连续型变量离散化为定性变量使用，此时的变量类型转换也可称为数据离散化。再如，某些分析场景下，原本的定性变量形式不再适应分析需求，此时需要采用合适的方法转换变量的形式以满足分析需要。包括将多分类变量转换为二分类变量、将顺序型变量转换为得分等情况。本章和第11章将对这些数据类型转换的方法和操作进行介绍。

本章将首先介绍数据离散化的方法。数据离散化指的是一类将连续型数据（很多时候也包含能够看作连续型的离散变量）在保留其基本数据含义的基础上将其转换为定性数据的操作，它并没有特别严谨的学术性定义。但是在理论和操作层面对数据离散化的含义进行探讨，可以帮助读者在本节学习中更好地掌握数据离散化的内涵。

数据离散化的理论含义：数据离散化是指把无限空间中有限的个体映射到有限的空间中，以此提高算法的时空效率。

数据离散化的操作含义：数据离散化是指将连续型变量的每个取值映射到根据客观或主观标准事先确定好的一系列分组或分类中，从而得到定性变量的数据预处理方法。

根据上述含义，数据离散化包括了两个任务，第一个任务是确定需要的类别或分组；第二个任务是如何将连续型数据的值映射到这些类别或分组。数据离散化具有如下作用：

第一，适应算法需要。许多统计模型和机器学习模型需要输入数据为分类型数据，例如Logistic回归、决策树等，因此如果获得的数据是连续型变量时，就需要将其离散化为定性变量，以便使用这些模型完成分析任务。同时，在一些需要输入数据类型为连续型的场景下，原本为顺序型的数据只有转化为得分才能够适应算法需求。

第二，使变量包含的信息更接近知识层面的表达，从而更容易理解。在现实中，人们常常会以定性的尺度看待问题。比如某年某月12日和15日的24小时降雨量分别为8毫米和20毫米，不熟悉雨量等级划分的人很难理解这两个数字所代表的雨量大小。但是如果说12日下的是小雨，15日下的是中雨，就非常容易理解了。

第三，可以克服连续型变量中隐藏的缺陷，使模型结果更加稳定。例如在研究人们的年龄对其消费习惯的影响时，如果使用连续型数据就会产生诸如："年龄每增加1岁，消费增加xxx元"这样似是而非的结论。但是如果将年龄离散化为（青年，中年，老年）这种形态，则可能会产生出诸如："老年人平均比中年人少消费xxx元"这样更加有意义的研究结论。

离散化的方法很多，按照是否有监督可以分为无监督数据离散化和有监督数据离散化。其中有监督离散化事实上是一种对离散形式进行优化的方法，即根据数据离散化后的效果（信息熵的变化、对分析效果的提升等），选择效果最优的方法。有监督数据离散化事实上将无监督数据离散化方法与对数据的建模分析进行了融合，是数据分析的一个步骤，不属于本书所定义的数据预处理范畴。因此在本节中主要介绍无监督数据离散方法。

在无监督离散化方法中，按照确定分组或分类所依据的内容，可以进一步分为数据分组和数据分类两种：使用数据分组可以得到分组形式的定性数据，需要以原变量本身的分布特征为依据；使用数据分类可以得到分类形式或顺序形式的定性数据，需要以研究者基于研究目的为依据。本章分别对两种方法进行介绍。

使用数据分组进行数据离散化是计算机科学领域的常见方法，通常被称为"分箱（binning）"，主要有等宽法（等宽分箱）和等频法（等频分箱）两种形式；而在统计科学领域数据分组和数据分类都会用到，前者一般被称作"分组（grouping）"，后者一般被称作"分类（classification）"。事实上，无论分箱还是分组，都只是不同领域对同一种方法的称呼，其实质是一样的。

本章将使用二手车数据集作为演示数据离散化操作的数据来源。在本章中，将使用到Python语言中的Pandas、Numpy、sklearn和scipy工具库，下面代码给出了相关设定：

```
import pandas as pd
import numpy as np
from scipy import stats
car_data = pd.read_csv("craigslistVehiclesFull.csv",header=0)
```

10.1　数据分组

数据分组的特点是根据连续数据的数据分布状态进行离散化，其具体形式主要有两种，分别为等宽法和等频法。

数据分组会根据连续型数据数据分布状态选择具体的离散化形式，一般会产生比较均衡的离散化结果，在后续分析过程中能够较好的与模型相适应。但是数据分组无法直接体现分析者的分析意图，在应用后可能会出现与研究对象所处现实场景脱节的情况。

作为示例，本部分将使用二手车数据集中的变量"price"进行操作演示。由于该变量存在异常值情况，因此为了演示结果更加明显，笔者使用下述代码对异常值进行了简单处理。需要指出的是，在实际应用时异常值本身可能存在很高的信息价值，是不能够轻易进行删除操作的。

```
#消除异常值
#计算变量price1%和99%分位点
qt = stats.scoreatpercentile(car_data["price"],[1,99])
#去掉最大和最小的1%数据，从而消除异常值
price = car_data["price"] [(price1>qt[0])&(price1<qt[1])]
```

10.1.1　等宽法

等宽法适用于对数据分布较为均匀的连续型数据进行离散化，根据变量的取值范围，建立若干个宽度相等且首尾相连的区间，将变量的每个值映射到相应的区间，并以区间名称作为新的离散型变量的值。例如，二手车数据集中的变量price，其数据形式为：

$$\{11900, 1515, 17550, 2800, 400, 9900, \cdots\}$$

如果使用等宽法将这些值映射到五个宽度相等的区间中（为了保证变量的最大值和最小值能够被包含进来，所以第一个和最后一个区间有时会适当调整），这些区间的形式为：

$$(-49.996, 10401.2] < (10401.2, 20800.4] < (20800.4, 31199.6] < (31199.6, 41598.8] < (41598.8, 51998.0]$$

可以观察到，上述区间的宽度均为10399.2（第一个区间有适当调整）。则变量price的形式变为：

$$\{(10401.2, 20800.4], (-49.996, 10401.2], (10401.2, 20800.4], (-49.996, 10401.2], (-49.996, 10401.2], (-49.996, 10401.2], \cdots\}$$

需要注意的是，区间个数需要事先确定，一般不宜过多或过少。区间过多虽然会将原变量的分布形式保留得比较完整，从而降低原变量在离散化过程中的信息损失，但会失去数据分组所带来的信息整合效果，使数据离散化失去意义；区间过小则会破坏原变量的数据分布形式，从而在离散化过程中损失过多的信息，造成变量在分析过程中起不到应有的作用。本书不给出区间数量的建议，因为选择多少个区间需要分析者根据实际情况判断，永远不会有标准答案。

使用Pandas库中的cut函数可以实现等宽法离散化过程。例如对前文提到的变量price进行等宽法离散化，设定组数为5，见下述代码：

```
# 等宽分箱
bin_1 = pd.cut(price,bins=5) # 设定组数为5
#将原变量和等宽分箱结果合并进一个数据框,以展示数据离散化结果
d1 = {"price":car_data["price"],"bin":bin_1}
p1 = pd.DataFrame(data=d1)
print("等宽分箱结果:\n%s" % p1[0:20])
print("等宽分箱频数分布:\n%s" % bin_1.value_counts())
```

```
等宽分箱结果:
    price       bin
0   11900       (10401.2,20800.4]
1   1515        (-49.996,10401.2]
2   17550       (10401.2,20800.4]
3   2800        (-49.996,10401.2]
4   400         (-49.996,10401.2]
5   9900        (-49.996,10401.2]
6   12500       (10401.2,20800.4]
7   3900        (-49.996,10401.2]
8   2700        (-49.996,10401.2]
9   12995       (10401.2,20800.4]
10  4000        (-49.996,10401.2]
11  13000       (10401.2,20800.4]
12  21695       (20800.4,31199.6]
13  18000       (10401.2,20800.4]
14  29000       (20800.4,31199.6]
15  4500        (-49.996,10401.2]
16  9865        (-49.996,10401.2]
17  41896       (41598.8,51998.0]
18  44678       (41598.8,51998.0]
```

```
19  32546        (31199.6,41598.8]
等宽分箱频数分布:
(-49.996,10401.2]        1062435
(10401.2,20800.4]         387809
(20800.4,31199.6]         157060
(31199.6,41598.8]          59883
(41598.8,51998.0]          20787
Name: price,dtype: int64
```

上述代码结果仅展示了前20行数据。读者可以观察到,等距分组会产生宽度完全相同的分组形式,但是每个组内所包含原变量值的个数又很有差别。其中(-49.996,10401.2]组包含了100多万个原变量值,而最小的(41598.8,51998.0]组才包含了2万多个原变量值,这显然非常不平衡,对于某些分析方法可能会产生不利影响。

10.1.2 等频法

等频法适用于对数据分布不均匀的连续型数据进行离散化。根据连续型数据的数据分布特征,建立若干个首尾相连的区间,通过调整各个区间的宽度使各区间包含原变量值数量大致相等。在区间确定后,与等宽法的做法相同,将连续型数据的每个值映射到相应的区间,并以区间名称作为新的离散型变量的值。仍然对二手车数据集中的变量price进行分组,其原数据形式为:

$$\{11900, 1515, 17550, 2800, 400, 9900, \cdots\}$$

如果使用等频法将这些值映射到五个宽度不等,但包含原变量值数量大致相等的区间中,这些区间的形式为:

$$(1.999, 2800.0] < (2800.0, 5495.0] < (5495.0, 9500.0] < (9500.0, 16999.0] < (16999.0, 51998.0]$$

可以观察到,上述区间中,宽度最小的为801,宽度最大的为34999,差距非常大。则变量price的形式变为:

$\{(9500.0, 16999.0], (1.999, 2800.0], (16999.0, 51998.0], (1.999, 2800.0], (1.999, 2800.0], (9500.0, 16999.0], \cdots\}$

对于区间的数量,等频法与等宽法有着相同的要求。使用Pandas库中的qcut函数可以实现等频法离散化过程。对变量price进行等频法离散化,设定组数为5,见下述代码:

```
# 等频分箱
bin_2 = pd.qcut(price,q=5) # 设定组数为5
```

```
#将原变量和等频分箱结果合并进一个数据框,以展示数据离散化结果
d1 = {"price":car_data["price"],"bin":bin_2}
p1 = pd.DataFrame(data=d1)
print("等频分箱结果:\n%s" % p1[0:20])
print("等频分箱频数分布:\n%s" % bin_2.value_counts())
```

```
等频分箱结果:
      price           bin
0       11900       (9500.0,16999.0]
1       1515        (1.999,2800.0]
2       17550       (16999.0,51998.0]
3       2800        (1.999,2800.0]
4       400         (1.999,2800.0]
5       9900        (9500.0,16999.0]
6       12500       (9500.0,16999.0]
7       3900        (2800.0,5495.0]
8       2700        (1.999,2800.0]
9       12995       (9500.0,16999.0]
10      4000        (2800.0,5495.0]
11      13000       (9500.0,16999.0]
12      21695       (16999.0,51998.0]
13      18000       (16999.0,51998.0]
14      29000       (16999.0,51998.0]
15      4500        (2800.0,5495.0]
16      9865        (9500.0,16999.0]
17      41896       (16999.0,51998.0]
18      44678       (16999.0,51998.0]
19      32546       (16999.0,51998.0]
等频分箱频数分布:
(1.999,2800.0]  346704
(5495.0,9500.0]     338680
(9500.0,16999.0]    337777
(16999.0,51998.0]   335285
(2800.0,5495.0]     329528
Name: price,dtype: int64
```

上述代码运行结果同样仅展示了前20行数据,结果显示,等频分组虽然产生了宽度差异较大的区间,但保证了个分组包含原变量的个数基本相等,在本例中各组均包含了33万~34万个原变量值。

10.2 数据分类

使用数据分组进行分组需要以原变量数据分布为依据。但是在很多分析场景下,仅仅依靠这些客观信息所进行的分组无法很好的实现分析意图。例如某课程考试的成绩,通常按照不低于60分判断其是否及格。此时如果希望将课程成绩这一变量离散化为{及格,不及格}形式,则无论学生们这门课成绩的分布是否均匀,都只能依据不低于60分这一主观给定的标准来实现分类。类似的场景非常多,比如根据顾客对某一产品质量或服务的评分将满意度分为{满意,一般,不满意}形式,根据预测精度标准将预测结果分为{预测成功,预测失败}形式等。这类方法有可能会产生诸如低频分类数据,不平衡数据等问题,本书在后面的章节将介绍如何处理这些情况。

使用数据分类进行离散化时,根据原变量值性质和离散化的目的,可以将原变量离散化为二分类数据和顺序数据,下面分别进行介绍。

10.2.1 离散化为二分类型(0-1型)变量

二分类数据是指仅有两个类别的定性数据类型。在形式上,定性数据可以包含多个分类,根据类别间是否包含次序信息又可以进一步分为顺序数据和分类数据。然而二分类数据比较特殊,由于其只包含两个类别,因此即使类别间能够分出次序,一般也不将其看作顺序数据。

二分类数据可能是最有用的定性数据形式。由于二分类数据将某一个集合分成了互不相容的两个子集,因此可以作为大量现实现象的描述手段。读者们可以稍微思考一下在我们的生活和工作中有多少事物是可以划分成两个类别的,比如正和负、有和无、成功与失败等等。根据二分类的这些的特点,不妨将二分类数据统一概括为表示“具备或不具备某一属性”这一含义。

二分类数据的表现形式很多,最常用的形式为`0-1`型,所以有时也可以称其为`0-1`型变量。其中,类别“`1`”一般对应“是”“有”“好”“成功”等含义,类别“`0`”一般对应“否”“无”“坏”“失败”等含义。由于“`0`”和“`1`”既代表不同类别又是数字形态,因此可以非常方便地被用于大量模型中。

将连续型数据离散化为`0-1`型变量,关键步骤是定义划分的条件,即符合某一条件的样本被标记为`1`,不符合该条件的样本被标记为`0`。根据条件复杂程度,又可以分为单一条件情况和复合条件情况。其中复合条件是指使用多个单一条件组合而成的更加复杂的条件。条件之间使用逻辑“与”“或”“非”等逻辑运算进行组合。

下面以二手车数据集中变量 odometer 为例，通过将其离散化为名为 bin_3 的 0-1 型变量，介绍使用 Python 语言将连续型数据进行离散化为 0-1 型变量的操作方法。

下述代码展示了以“变量 odometer 值是否为 0”为条件对其进行离散化的过程。这段代码使用了 Pandas 中的二元运算符函数 Series.eq(other)，其作用是检查序列中的值是否等于给定的某一个值（或序列）。代码中 car_data["odometer"].eq(0) 的含义就是检查变量 odometer 中的值是否等于 0，如果等于 0，则会返回“True”否则返回“False”。进一步，使用 Series.astype(int) 将 True 转换为 1、False 转换为 0。为了读者能够更清楚地看明白二分类离散化的结果，在完成了离散化后，进一步将 0-1 型的 bin_3 和原变量 odometer 合并到一个数据框中共同展示。

```
#离散化为0-1型变量(条件:变量odometer值为0)
bin_3 = car_data["odometer"].eq(0).astype(int) #离散化为0-1形式
#将原变量和0-1型变量合并进一个数据框,以展示数据离散化结果
d1 = {"odometer":car_data["odometer"],"bin":bin_3}
p1 = pd.DataFrame(data=d1)
print("二分类离散结果:\n%s" % p1[0:20])
print("二分类离散各类频数:\n%s" % bin_3.value_counts())
```

```
二分类离散结果:
      odometer    bin
0      43600.0      0
1          NaN      0
2          NaN      0
3     168591.0      0
4     217000.0      0
5     169000.0      0
6      39500.0      0
7          0.0      1
8          NaN      0
9     236000.0      0
10    138000.0      0
11    350000.0      0
12     44814.0      0
13         NaN      0
14     31500.0      0
```

```
15  103456.0        0
16  193599.0        0
17   38578.0        0
18   37230.0        0
19   39555.0        0
二分类离散各类频数:
0   1717605
1   5460
Name: odometer,dtype: int64
```

代码运行结果同样仅展示了前20行,读者可以发现,对变量odometer的离散化是成功的,但其频数差距过于悬殊,仅有5460个数据被标记为1,如果使用该数据建模分析的话可能会出现数据不平衡现象(作为因变量)或低频分类数据现象(作为自变量)。同时还可以观察到,变量odometer中存在相当多的缺失值(NaN)。因此可以进一步思考,是否可以将NaN也标记为1呢? 这就需要再增加一个判断是数据否为缺失值的条件了。

如果需要将值为0和NaN的数据都标记为1,需要同时判断两个条件:"变量odometer的值等于0"和"变量odometer的值等于NaN"。当这两个条件中的任何一个条件成立时,都可以将该数据标记成1,否则被标记为"0",因此这两个条件间是典型的逻辑运算"或"的关系,需要使用到运算符"|"。

下面代码展示了如何实现上述离散化过程。其中第二个条件用到了二元运算符函数Series.isna(),该函数会检查序列,当序列值为NA或NaN时返回True,否则返回False。从代码执行结果可以发现,对变量odometer的离散化同样是成功的。并且两个类别的频数分布更加合理,被标记为1的数据达到569514个,这也说明数据中存在大量的缺失值。

```
#离散化为0-1型变量(条件:变量odometer值为0或NaN)
bin_3 = car_data["odometer"].eq(0)|car_data["odometer"].isna()
bin_3 = bin_3.astype(int) #转换为0-1形式
#将原变量和0-1型变量合并进一个数据框,以展示数据离散化结果
d1 = {"odometer":car_data["odometer"],"bin":bin_3}
p1 = pd.DataFrame(data=d1)
print("二分类离散结果:\n%s" % p1[0:20])
print("二分类离散各类频数:\n%s" % bin_3.value_counts())
```

```
二分类离散结果:
     odometer      bin
0     43600.0       0
```

```
1          NaN       1
2          NaN       1
3     168591.0       0
4     217000.0       0
5     169000.0       0
6      39500.0       0
7          0.0       1
8          NaN       1
9     236000.0       0
10    138000.0       0
11    350000.0       0
12     44814.0       0
13         NaN       1
14     31500.0       0
15    103456.0       0
16    193599.0       0
17     38578.0       0
18     37230.0       0
19     39555.0       0
二分类离散各类频数：
0  1153551
1   569514
Name: odometer,dtype: int64
```

如果需要将行驶里程处于合理区间的二手车标记出来，例如，设定条件"odometer在30000到100000之间"。这个条件实际是由两个条件组成的：(1)odometer大于等于30000;(2)odometer小于等于100000。可以发现，只有当两个条件同时满足时，才能够满足"odometer在30000到100000之间"这一复合条件，因此这是一个典型的"与"运算，需要用到"&"运算符。下述代码展示了如何实现上述离散化过程。

```
#离散化为0-1型变量(条件:变量odometer值在30000到100000之间)
bin_3 = car_data["odometer"]. ge(30000) & car_data["odometer"]. le
(100000)
#找出odometer在30000到100000之间的值
bin_3 = bin_3.astype(int) #转换为0-1形式
#将原变量和0-1型变量合并进一个数据框,以展示数据离散化结果
d1 = {"odometer":car_data["odometer"],"bin":bin_3}
```

```
p1 = pd.DataFrame(data=d1)
print("二分类离散结果:\n%s" % p1[0:20])
print("二分类离散各类频数:\n%s" % bin_3.value_counts())
```

```
二分类离散结果:
      odometer    bin
0    43600.0       1
1        NaN       0
2        NaN       0
3   168591.0       0
4   217000.0       0
5   169000.0       0
6    39500.0       1
7        0.0       0
8        NaN       0
9   236000.0       0
10  138000.0       0
11  350000.0       0
12   44814.0       1
13       NaN       0
14   31500.0       1
15  103456.0       0
16  193599.0       0
17   38578.0       1
18   37230.0       1
19   39555.0       1
二分类离散各类频数:
0  1331785
1   391280
Name: odometer,dtype: int64
```

在两个条件中,使用二元运算符函数 Series.ge(other) 检查变量 odometer 中的值是否大于等于 30000;使用 Series.le(other) 检查变量 odometer 中的值是否小于等于 100000,如果满足条件,两个函数会返回 True,不满足条件则会返回 False。观察代码执行结果可以发现,对变量 odometer 的离散化同样是成功的,行驶里程在 30000 到 100000 之间的二手车有 391280 辆。

10.2.2 离散化为顺序数据

顺序数据是指包含了次序信息的定性数据。例如经常在满意度研究中使用的五级量表形式：(满意，比较满意，一般，比较不满意，不满意)，其数据形式可能为：{满意，满意，比较不满意，比较满意，不满意，一般，不满意，…}。这里面的五个类别是有次序含义的，即满意>比较满意>一般>比较不满意>不满意，虽然类别间只能进行比较运算，但是却拥有比分类数据更加丰富的信息。

顺序型数据有两个获取方式，第一种是直接通过调查方式直接获取，例如可以在满意度调查中设置如下问题：

> 请问你对本产品质量的满意程度是(　　)
> A.满意　B.比较满意　C.一般　D.比较不满意　E.不满意

通过对被调查者在该问题的选择结果的汇总即可以得到满意度数据。

第二种是通过将连续型数据离散化得到。连续型数据本身就具备次序信息，所以通过对连续型数据进行分组得到的分组形式的定性数据本身就是顺序数据，但是使用数据分组得到的分组其现实含义往往难以解释，因此在分析时通常需要按照特定含义对数据进行分组，而特定含义则需要分析者根据研究目标主观确定。

仍然以二手车数据集中的变量odometer为例，该变量为二手车的行驶里程信息，因此很大程度代表了二手车的新旧程度。由于变量odometer为连续型，因此单纯观察其里程值很难给人以直观印象，如果能够根据其值将二手车划分为“新车(new)”“旧车(used)”“老车(old)”和“破车(worn)”，则可以非常形象地体现出二手车的新旧程度。下述代码展示了将变量odometer离散化为顺序数据的过程，其值和类别的对应关系见表10.1。

表10.1　二手车行驶里程与新旧程度对照表

行驶里程范围	新旧程度
0<odometer<10000	new
10000<odometer<100000	used
100000<odometer<200000	old
odometer>200000	worn

```
#离散化为顺序数据
bin_4 = pd.cut(car_data["odometer"],bins=[0,10000,100000,200000,np.
```

```
inf],labels=["new","used","old","worn"],include_lowest=True)
#将原变量和顺序数据合并进一个数据框,以展示数据离散化结果
d1 = {"odometer":car_data["odometer"],"bin":bin_4}
p1 = pd.DataFrame(data=d1)
print("离散为顺序数据结果:\n%s" % p1[0:20])
print("顺序数据各类频数:\n%s" % bin_4.value_counts())
```

```
离散为顺序数据结果:
    odometer   bin
0    43600.0   used
1        NaN   NaN
2        NaN   NaN
3   168591.0   old
4   217000.0   worn
5   169000.0   old
6    39500.0   used
7        0.0   new
8        NaN   NaN
9   236000.0   worn
10  138000.0   old
11  350000.0   worn
12   44814.0   used
13       NaN   NaN
14   31500.0   used
15  103456.0   old
16  193599.0   old
17   38578.0   used
18   37230.0   used
19   39555.0   used
顺序数据各类频数:
old    526097
used   472594
worn    96243
new     64077
Name: odometer,dtype: int64
```

上述代码仍然使用了在数据分组中使用到的Pandas工具库中的cut函数。在这里不是简单地设定分组个数,而是根据表10.1设定了参数:bins = [0, 10000, 100000, 200000, np. inf],并给每个分组设定了标签:

labels = ["new","used","old","worn"]。观察代码执行结果可以发现，对变量odometer的离散化是成功的，在所有的二手车中，行驶里程在10000到200000之间的“旧车”和“老车”占了大多数，“新车”和“破车”则数量相对较少。同时，变量odometer中的缺失值在离散化的结果中仍然是缺失值状态。

本章练习

练习内容：使用本章所介绍的方法对以下数据集进行数据离散化练习：

数据集名称：Used cars for sale in Germany and Czech Republic since 2015

数据集介绍：该数据集是在2015年后的一年多时间里从捷克共和国和德国的几个网站上抓取的二手车销售的数据。这个数据集存在大量缺失值、错误数据等问题。数据收集者的研究目的是通过对该数据集的分析与建模来预测二手车的价格，进而分析二手车价格的决定因素。

数据集链接：

https://www.kaggle.com/mirosval/personal-cars-classifieds.

第11章　定性数据处理

上一章介绍了将连续型数据的离散化方法。离散化可以使连续型数据的含义更加清晰,同时克服了它的一些缺陷从而有利于后续分析。细心的读者可能已经发现,使用这些离散化方法得到的结果实质上都是顺序数据(0-1型除外),而没见到分类数据。这是因为连续型数据本身就具有次序属性,因此将其离散化后会形成顺序数据。分类数据由于不包含次序属性,所以不可能由数据离散化得到。

有些时候研究者不仅需要将连续型数据离散化为定性数据,还需要将某些定性数据转换为其他形式。与数据离散化的原因和目的一样,当定性变量自身的数据类型不能满足分析需求时,需要在保留其基本数据含义的基础上将其类型转化为其他形式。本章将介绍定性数据形式转换的三种典型情况,具体包括:

第一,将多分类数据转化为哑变量。多分类数据类型往往来源于事物的自然属性,是对现象的直观表达。但是多分类形式的数学性质不好,难以适用于目前很多成熟高效的分析模型,因此经常需要转换为二分类的哑变量(0-1型数据)使用。

第二,将顺序数据转化为得分。顺序型数据通常来源于满意度、综合评价等研究场景。这种形式体现了不同等级间“质”的区别,但没有体现等级间“量”的差异,使得顺序型数据是一种定性而非定量的数据类型。如果某些研究场景可以针对等级间“量”的差异设定一些假设(例如等级间差异均等),则可以将顺序数据转化为得分。

第三,定性数据的平滑化。很多定性数据(不仅是顺序数据)其实隐含了类别间差异的信息[①]。如果能够找到某一与定性数据存在紧密的关联的定量数据,则可以基于定量数据加工出一个新变量,使其既包含定性数据的分类含义,又体现出类别间的量化差异水平。由于这种方法用定量信息将原定性数据间的差异进行了量化表示,从可视化层面看是将锯齿状的形式平滑为曲线形式,因此本书称

① 例如,当数据集中包含了“职业类别”这一变量时,该变量往往被认为是分类型变量,类别间不存在差异。但是当该变量应用于某一具体研究场景时(如收入研究、劳动强度研究等),不同的职业类别间就存在明显的差异了。

这种操作为定性数据的平滑化。

通过上述定性数据的处理方法,可以克服定性数据固有的信息表达不充分缺陷,使数据同时包含定性和定量含义。例如分类型数据“职业类型”仅仅能表示被调查者职业不同,具体哪里不同,差异多大等进一步信息则无法体现。如果与定量数据“收入”相结合,得到类似“公务员平均收入xxxx元”“企业普通职员平均收入xxxx元”这样的数据形式,则可以明确体现不同职业类别在收入上的量化差异水平

本章将使用 “二手车数据集”作为演示数据离散化操作的数据来源。在本章中,将使用到Python语言中的Pandas、Numpy、sklearn和scipy工具库,下面代码给出了相关设定:

```
import pandas as pd
import numpy as np
from sklearn.preprocessing import OneHotEncoder
from scipy import stats
car_data = pd.read_csv("craigslistVehiclesFull.csv",header=0)
```

11.1 多分类数据转化为哑变量

本节将以二手车数据集中反映车辆能源形式的变量fuel为例,该变量是一个典型的多分类定性数据,其类别包括汽油(gas)、柴油(diesel)、混合动力(hybrid)、电动(electric)和其他(other)五种,此外还有很多缺失值(NaN)。使用下述代码可以观察变量fuel各类别的分布情况:

```
# 观察变量fuel的分布情况
car_data["fuel"].value_counts()
```

```
Gas 1531426
diesel     121712
other      46161
hybrid      10945
electric     2454
Name: fuel,dtype: int64
```

从代码运行结果可以看到,绝大多数二手车的能源形式为汽油,能源形式为柴油的二手车也占到一定比例,其他形式的能源的占比较小。这种多分类的定性数据在分析时并不好用,因为它很难体现出每一个类别单独的效应和类别间的效应。如果将其转换为0-1型变量形式,使每一个类别有一个单独的变量相对应,就可以更好的在模型中体现该类别。

11.1.1　哑变量的概念与特征

哑变量(dummy variable)又可以称为虚拟变量、二分类数据、0-1型变量等，是一种在数据分析中使用率非常高的变量形式。哑变量只有两个类别，用0和1表示。其中1代表具备某一性质，0代表不具备这一性质。哑变量本身属于定性数据，但是由于其具备0-1形式，因此完全可以当成数值型数据使用。同时哑变量的形式和内涵又与二进制数字的形式和内涵一致，其0-1形态与逻辑型数据的False和True相同，因此非常利于使用各种计算机领域的方法和模型进行处理。

任何一个k个类别的定性数据都可以转换为$k-1$个哑变量，例如，定性数据X有5个类别A、B、C、D、E，可以将其转换为4个哑变量X_B、X_C、X_D、X_E，分别对应了B、C、D、E四个类别，当原变量X取值为B、C、D、E的某一个值时，则其对应的哑变量取值为1，同时其余哑变量取值为0。原变量和哑变量的对应关系如表11.1。

读者可能已经发现，在上述4个哑变量中没有对应类别A的哑变量。这是因为，当某一行数据在X_B、X_C、X_D、X_E四个哑变量上的值均为0时，就意味着这一行数据在原变量X中为类别A，因此使用$k-1$个哑变量不会影响原变量X状态的表达。如果再单独设置一个对应类别A的哑变量，则会在没有实际增加模型解释能力的情况下增加模型的自由度，从而使模型更加复杂。

表11.1　原变量与哑变量对应表

原变量	哑变量			
X	X_B	X_C	X_D	X_E
A	0	0	0	0
B	1	0	0	0
C	0	1	0	0
D	0	0	1	0
E	0	0	0	1

11.1.2　哑变量与one-hot码

“哑变量”是在统计学领域内对于0-1形式定性数据的称呼，而在计算机科学领域则将其称为one-hot码(独热码)。仍然假设定性数据X有5个类别A、B、C、D、E，其one-hot码形式见表11.2。

表 11.2　原变量与 one-hot 码对应表

原变量 X	one－hot 码 1	2	3	4	5
A	1	0	0	0	0
B	0	1	0	0	0
C	0	0	1	0	0
D	0	0	0	1	0
E	0	0	0	0	1

对比表 11.1 和表 11.2 可以发现，同样是对于变量 X，将其转换成哑变量形式后得到了 4 个哑变量，将其转换为 one-hot 码则得到了 5 个列。one-hot 码的特征是：如果定性数据有 k 个状态(类别)，就需要有 k 个比特(bit)[①]来描述，其中只有一个比特为 1，其他比特全为 0。因此 one-hot 码与哑变量的区别在于对于 k 个类别的定性数据，将其转换为哑变量需要 $k-1$ 个哑变量，将其转换为 one-hot 码需要 k 个比特的编码位数。

11.1.3　多分类数据转换为哑变量

将多分类数据转换为哑变量，可以使用到 Pandas 工具库中的 get_dummies() 函数。下述代码展示了使用该函数将二手车数据集中的变量 fuel 转换为哑变量的方法。

```
# 将变量fuel转换为哑变量(以某一类别为全0项,包含缺失值)
dummy_fuel = pd.get_dummies(car_data["fuel"],prefix="f",dummy_na=True,
                drop_first=True)
# 将原变量和哑变量合并进一个数据框
d1 = {"fuel":car_data["fuel"][0:20]}
p1 = pd.DataFrame(data=d1).join(dummy_fuel[0:20])
print("建立哑变量结果:\n%s" % p1)
```

```
建立哑变量结果:
   fuel  f_electric   f_gas  f_hybrid   f_other   f_nan
0  gas        0          1       0          0        0
1  gas        0          1       0          0        0
2  gas        0          1       0          0        0
3  gas        0          1       0          0        0
4  gas        0          1       0          0        0
```

① 比特(bit)，计算机专业术语，是二进制数字中的位，为信息量的最小单位。

```
5    gas        0    1    0    0    0
6    gas        0    1    0    0    0
7    gas        0    1    0    0    0
8    electric   1    0    0    0    0
9    gas        0    1    0    0    0
10   gas        0    1    0    0    0
11   diesel     0    0    0    0    0
12   gas        0    1    0    0    0
13   gas        0    1    0    0    0
14   gas        0    1    0    0    0
15   gas        0    1    0    0    0
16   gas        0    1    0    0    0
17   gas        0    1    0    0    0
18   gas        0    1    0    0    0
19   gas        0    1    0    0    0
```

在上述代码中需要强调的三个参数：

(1)prefix：使用get_dummies()函数建立的哑变量可以自动命名，其名称的组合形式为“前缀_类别名称”形式，参数prefix的作用就是设定前缀，在本例中前缀被设定为“f”。

(2)dummy_na：在本例数据中包含大量缺失值，通过设置dummy_na = True可以将缺失值也视为一个类别并建立相应的哑变量。

(3)drop_first：在前文已经介绍过，k个类别的定性数据转换为k-1个哑变量，也即有一个类别将没有与之对应的哑变量。通过设置drop_first = True可以使get_dummies()函数在建立哑变量时自动忽略第一个类别(类别的顺序一般按字母排序)。在本例中，被忽略的类别为diesel，所以在代码执行结果中不会看到名为“f_diesel”的哑变量。

如果将参数dummy_na和drop_first的值都设置为False(如下代码所示)，则将得到不包含缺失值类，同时包含名为“f_diesel”的哑变量的结果。此时建立的哑变量其实与one-hot码的效果相同。

```
# 将变量fuel转换为哑变量(不以某一类别为全0项,不包含缺失值)
dummy_fuel = pd.get_dummies(car_data["fuel"],prefix="f",
dummy_na=False,drop_first=False)
# 将原变量和哑变量合并进一个数据框
d1 = {"fuel":car_data["fuel"]}
p1 = pd.DataFrame(data=d1).join(dummy_fuel)
```

```
print("建立哑变量结果:\n%s" % p1[0:20])
建立哑变量结果:
        fuel    f_diesel    f_electric   f_gas  f_hybrid  f_other
0        gas           0             0       1         0        0
1        gas           0             0       1         0        0
2        gas           0             0       1         0        0
3        gas           0             0       1         0        0
4        gas           0             0       1         0        0
5        gas           0             0       1         0        0
6        gas           0             0       1         0        0
7        gas           0             0       1         0        0
8        electric      0             1       0         0        0
9        gas           0             0       1         0        0
10       gas           0             0       1         0        0
11       diesel        1             0       0         0        0
12       gas           0             0       1         0        0
13       gas           0             0       1         0        0
14       gas           0             0       1         0        0
15       gas           0             0       1         0        0
16       gas           0             0       1         0        0
17       gas           0             0       1         0        0
18       gas           0             0       1         0        0
19       gas           0             0       1         0        0
```

11.1.4 多分类数据转换为one-hot码

将多分类数据转换为one-hot码可以使用sklearn工具库中的OneHotEncoder()函数，如下面代码所示。因为该函数无法对缺失值进行处理，因此在进行转换前首先使用Series.fillna()方法将变量中的所有缺失值替换为"unknown"。这样"unknown"就成为变量fuel的第六个类别。

```
# 将变量fuel转换为one-hot码
# 建立one-hot编码器ohe,drop="first"表示以某一类别为全0项
ohe = OneHotEncoder(drop="first")
# 将变量fuel转变为数据框形式,并使用"unknown"替换缺失值
fuel = pd.DataFrame(car_data["fuel"]).fillna("unknown")
# 使用ohe建立one-hot编码
onehot_fuel = ohe.fit_transform(fuel).toarray()
```

```
# 将原变量和one-hot编码合并进一个数据框
onehot_fuel = pd.DataFrame(onehot_fuel) #转换为数据框形式
d1 = {"fuel":car_data["fuel"]}
p1 = pd.DataFrame(data=d1).join(onehot_fuel)
print("建立one-hot编码结果:\n%s" % p1[0:20])
```

```
建立one-hot编码结果:
        fuel        0     1     2     3     4
0       gas         0.0   1.0   0.0   0.0   0.0
1       gas         0.0   1.0   0.0   0.0   0.0
2       gas         0.0   1.0   0.0   0.0   0.0
3       gas         0.0   1.0   0.0   0.0   0.0
4       gas         0.0   1.0   0.0   0.0   0.0
5       gas         0.0   1.0   0.0   0.0   0.0
6       gas         0.0   1.0   0.0   0.0   0.0
7       gas         0.0   1.0   0.0   0.0   0.0
8       electric    1.0   0.0   0.0   0.0   0.0
9       gas         0.0   1.0   0.0   0.0   0.0
10      gas         0.0   1.0   0.0   0.0   0.0
11      diesel      0.0   0.0   0.0   0.0   0.0
12      gas         0.0   1.0   0.0   0.0   0.0
13      gas         0.0   1.0   0.0   0.0   0.0
14      gas         0.0   1.0   0.0   0.0   0.0
15      gas         0.0   1.0   0.0   0.0   0.0
16      gas         0.0   1.0   0.0   0.0   0.0
17      gas         0.0   1.0   0.0   0.0   0.0
18      gas         0.0   1.0   0.0   0.0   0.0
19      gas         0.0   1.0   0.0   0.0   0.0
```

oneHotEncoder()函数的使用相对复杂,首先建立了one-hot编码器ohe,注意此时设定了参数drop = "first",这与前面代码中的drop_first = True效果一样,均为忽略第一个类别,因此这时建立的one-hot码并不是典型形式。在建立ohe后,调用其方法"fit_transform()"对变量fuel进行编码并转换为csr_matrix数据类型,进而使用Series.toarray()方法得到ndarray数据类型的one-hot编码结果。

注意,此时每行数据的one-hot码均为5比特长,而此时变量fuel此时有六个类别(缺失值已经转换为"unknown",也算作一个类别)。因此这里one-hot码与哑变量形式一致。将OneHotEncoder()函数的参数设置drop=

"first"改为drop = None(见下述代码),则可以得到典型的one-hot码形式,此时每行数据的one-hot码均为6比特长。

```
# 将变量fuel转换为one-hot编码
# 建立one-hot编码器ohe,drop=None表示不以某一类别为全0项
ohe = OneHotEncoder(drop=None)
# 将变量fuel转变为数据框形式,并使用"unknown"替换缺失值
fuel = pd.DataFrame(car_data["fuel"]).fillna("unknown")
# 使用ohe建立one-hot编码
onehot_fuel = ohe.fit_transform(fuel).toarray()
# 将原变量和one-hot编码合并进一个数据框
onehot_fuel = pd.DataFrame(onehot_fuel) #转换为数据框形式
d1 = {"fuel":car_data["fuel"]}
p1 = pd.DataFrame(data=d1).join(onehot_fuel)
print("建立one-hot编码结果:\n%s" % p1[0:20])
```

建立one-hot编码结果:

	fuel	0	1	2	3	4	5
0	gas	0.0	0.0	1.0	0.0	0.0	0.0
1	gas	0.0	0.0	1.0	0.0	0.0	0.0
2	gas	0.0	0.0	1.0	0.0	0.0	0.0
3	gas	0.0	0.0	1.0	0.0	0.0	0.0
4	gas	0.0	0.0	1.0	0.0	0.0	0.0
5	gas	0.0	0.0	1.0	0.0	0.0	0.0
6	gas	0.0	0.0	1.0	0.0	0.0	0.0
7	gas	0.0	0.0	1.0	0.0	0.0	0.0
8	electric	0.0	1.0	0.0	0.0	0.0	0.0
9	gas	0.0	0.0	1.0	0.0	0.0	0.0
10	gas	0.0	0.0	1.0	0.0	0.0	0.0
11	diesel	1.0	0.0	0.0	0.0	0.0	0.0
12	gas	0.0	0.0	1.0	0.0	0.0	0.0
13	gas	0.0	0.0	1.0	0.0	0.0	0.0
14	gas	0.0	0.0	1.0	0.0	0.0	0.0
15	gas	0.0	0.0	1.0	0.0	0.0	0.0
16	gas	0.0	0.0	1.0	0.0	0.0	0.0
17	gas	0.0	0.0	1.0	0.0	0.0	0.0
18	gas	0.0	0.0	1.0	0.0	0.0	0.0
19	gas	0.0	0.0	1.0	0.0	0.0	0.0

11.2　顺序数据转化为得分

上一节介绍了如何将连续数据转化为离散型数据。在有些分析场景下我们需要反过来将离散型的定性数据转化为数量型数据。顺序数据是定性数据的重要形式,其来源主要有两个:一是第10章所介绍的数据离散化方法从连续型数据转换而来;二是来自于直接调查,如满意度调查、信心调查等。当需要将顺序型数据转化为数量型数据时,最常用的方式是对顺序数据的每一个类别赋予一个得分,并使得分的大小与各类别的次序相对应。

对于大多数数据集来说,不同类别得分间距的选择对于结果几乎没有任何影响,因此可以直接将(好,一般,差)映射为间距相等的(1,2,3)或(3,2,1)。但是当数据非常不均衡(如某些类别的样本比其他类别明显多时),得分的选择就可能左右检验结果。出现这种情况时,我们可以在对样本排序后计算每个样本的秩(序号),然后将每个类别包含样本的平均秩(也称为中间秩)作为该类别的得分。例如一共100辆二手车,车况为"好""一般"和"差"的分别为9辆、50辆和41辆,则类别"好"的中间秩为$\frac{(1+9)}{2}=5$,类别"一般"的中间秩为$\frac{(10+59)}{2}=34.5$,类别"差"的中间秩为$\frac{(60+100)}{2}=80$,因此可以将(好,一般,差)映射为(5,34.5,80)。

在上一章,根据二手车数据集中的变量odometer将二手车划分为"新车(new)""旧车(used)""老车(old)"和"破车(worn)",并使用相应代码得到顺序数据bin_4。如果我们将bin_4当作原生的顺序数据[①],则可以将其转换为得分形式(本书只介绍将顺序数据转换为间距相等的得分的操作方法),如下面代码所示。假定二手车越新得分越高,则new对应4分、used对应3分、old对应2分、worn对应1分。在操作时我们使用了Series.map()方法建立了每一个类别到得分的映射。

```
# 顺序数据的赋值
bin_4_order = bin_4.map({"new":4,"used":3,"old":2,"worn":1})
# 将原变量、顺序数据和顺序数据的赋值合并进一个数据框
d1 = {"odometer":car_data["odometer"],"bin":bin_4,
"bin_order":bin_4_order}
```

① 实际上,bin_4是从连续型数据odometer转换而来,因此将bin_4赋值还不如直接使用变量odometer。本部分为bin_4赋值仅仅是希望在展示该方法时不再引入新变量,方便读者的操作。

```
p1 = pd.DataFrame(data=d1)
print("顺序数据赋值结果:\n%s" % p1[0:20])
```

```
顺序数据赋值结果:
   odometer     bin   bin_order
0   43600.0     used    3.0
1   NaN         NaN     NaN
2   NaN         NaN     NaN
3   168591.0    old     2.0
4   217000.0    worn    1.0
5   169000.0    old     2.0
6   39500.0     used    3.0
7   0.0         new     4.0
8   NaN         NaN     NaN
9   236000.0    worn    1.0
10  138000.0    old     2.0
11  350000.0    worn    1.0
12  44814.0     used    3.0
13  NaN         NaN     NaN
14  31500.0     used    3.0
15  103456.0    old     2.0
16  193599.0    old     2.0
17  38578.0     used    3.0
18  37230.0     used    3.0
19  39555.0     used    3.0
```

11.3　定性数据的平滑化

构造定性数据的平滑值的目的不是简单地将原变量数据形式进行转换，而是利用另一个变量为原变量赋予更多地信息。例如，在二手车数据集中的变量manufacturer给出了二手车的品牌，变量price给出了二手车的售价，作为常识大家知道不同品牌在产品的价格定位上是有区别的，因此如果以每种品牌的平均价格（以变量manufacturer作为分组变量对变量price求均值得到的结果）作为变量manufacturer数据的替代，则可以使分类型的变量manufacturer具有了次序属性，反映了汽车品牌中内含的价格定位信息。

因为二手车数据集来源于实际，其二手车的售价是每个车主自己的报价而不是成交价格，从经济学意义上这一价格并不是市场价格，因而数据中有大量违反常理的价格(特别高或特别低),为了避免这些反常价格的干扰,本书在构造平滑值前先使用下述代码消除了数据集中价格异常的所有行,得到数据集car_data1。

```
# 消除数据集中价格异常的所有行
price = car_data["price"]
qt = stats.scoreatpercentile(price,[1,99])
car_data1 = car_data[(price>qt[0])&(price<qt[1])]
```

接下来的给出了构造定性数据的平滑值的方法,具体步骤包括:

第一步,使用DataFrame.groupby()方法以变量manufacturer为依据对数据集进行分组,并调用DataFrame.mean()函数计算每组均值,得到数据框smooth_value;

第二步,使用DataFrame.to_dict()将数据框smooth_value转换为字典形式smooth_dict;

第三步,使用Series.map()方法,以smooth_dict为依据建立了变量manufacturer每一个类别到变量price均值的映射。

```
# 计算每个品牌的平均价格
smooth_value = car_data1[["price","manufacturer"]].groupby(
                                   by="manufacturer",).mean()
smooth_dict = smooth_value["price"].to_dict()  # 转换为字典
# 将品牌名替换为各自平均价格
smooth_manufacturer = car_data1["manufacturer"].map(smooth_dict)
#将原变量和平滑变量合并进一个数据框
d1 = {"manufacturer":car_data1["manufacturer"],
    "smooth_manufacturer":smooth_manufacturer}
p1 = pd.DataFrame(data=d1)
print("构造定性数据的平滑值结果:\n%s" % round(p1[0:20],2))
```

```
构造定性数据的平滑值结果:
   Manufacturer    smooth_manufacturer
0       dodge        9379.48
1       NaN          NaN
2       ford         11595.72
3       ford         11595.72
4       NaN          NaN
5       gmc          14186.72
6       jeep         12531.63
7       bmw          11211.04
```

```
8         NaN              NaN
9         ford             11595.72
10        chev             7765.86
11        chevrolet        11602.02
12        hyundai          8677.29
13        chevrolet        11602.02
14        hyundai          8677.29
15        chev             7765.86
16        honda            7271.23
17        ram              19357.53
18        acura            8035.19
19        bmw              11211.04
```

本章练习

练习内容:使用本章所介绍的方法对以下数据集进行定性数据处理练习:

数据集名称:Used cars for sale in Germany and Czech Republic since 2015

数据集介绍:该数据集是在2015年后的一年多时间里从捷克共和国和德国的几个网站上抓取的二手车销售的数据。这个数据集存在大量缺失值、错误数据等问题。数据收集者的研究目的是通过对该数据集的分析与建模来预测二手车的价格,进而分析二手车价格的决定因素。

数据集链接:

https://www.kaggle.com/mirosval/personal-cars-classifieds.

第12章　缺失值模式提取

缺失值插补就像给破了洞的衣服打补丁，虽然不好看，但可以让这件衣服仍然能穿，从而保留了衣服“遮羞保暖”的核心功能。因此，对缺失值进行插补是缺失值处理的主要手段。然而很多时候，缺失值的出现本身也存在某种规律，从而使得其本身也包含了可能对于分析有用的信息，此时不但不能对缺失值进行插补，反而应当采取一定方法将其蕴含的规律凸显出来。这就好像现在的年轻人，牛仔裤破的洞一定不会打补丁，因为这才是时尚。本章将介绍一种提取缺失值模式的思路和方法，以其为基础可以将缺失值的模式量化表示出来，并作为进一步分析的指标。

缺失值的出现原因很多，比如数据采集设备故障，被调查对象不配合等等。但是如果进一步思考的话会发现，缺失值本身也并非没有价值。例如，由于数据采集设备故障导致的缺失值，包含了设备运转稳定性的信息，从而可以用来进行设备可靠性分析；由于调查对象不配合导致的缺失值，可能包含了调查对象的某些主观原因，因而可以作为影响因素进行分析。由于以上原因，在很多分析场景下，缺失值是可以作为影响因素纳入分析模型的，但前提是能够将缺失值信息有效地提取出来。在提取缺失值信息时，有两个思路：

第一个思路：为每个包含缺失值的变量建立一个哑变量形式的新变量，用于将该变量的缺失模式标识出来。这种思路优点是可以将每个变量的缺失值模式单独提取出来，在需要进行因果分析时能够明确的将其对因变量的影响体现出来。然而这种思路的缺点也很明显，即当数据集中包含缺失值的变量较多时，会极大的增加模型的复杂度。这种方式还能起到对变量中缺失值进行识别的作用。

第二个思路：仅建立一个新变量，将每一个样本在所有变量上的缺失值情况标识出来。这种思路可以将数据集的缺失值信息以一个变量体现出来，优点是对模型复杂度影响不大，但是却具有无法体现具体变量影响的缺点，因而在以预测为目的的建模时较为适用。

本章的示例代码中会用到Pandas、Numpy、scikit-learn和random代码库和二手车数据集，见下述代码：

```
import pandas as pd
```

```
import numpy as np
import random
from pandas.api.types import is_float_dtype
from sklearn.cluster import KMeans
from sklearn.linear_model import LinearRegression
from sklearn.ensemble import GradientBoostingRegressor
from sklearn.metrics import mean_squared_error
car_data = pd.read_csv("craigslistVehiclesFull.csv",header=0)
```

12.1 缺失值模式的识别

通过给每个包含缺失值的变量建立一个哑变量，是对应缺失值的位置为1，其他位置为0，从而可以实现对变量缺失值进行识别。下面代码基于二手车数据集介绍了这一方法：

```
# 将缺失值用0-1形式进行标记
mismark_car = pd.DataFrame() # 用于记录每个变量的缺失值模式
# 每个变量的缺失值计数，其索引为变量名
missing_car = car_data.isna().sum()
for i in missing_car.index:
    if missing_car[i] > 0:
        mismark_car["missing_%s" % i] = car_data[i].isna().astype(int)
print("二手车数据集缺失值标记:\n%s" % mismark_car[0:10].transpose())
```

```
二手车数据集缺失值标记:
                      0 1 2 3 4 5 6 7 8 9
missing_year          0 0 0 0 0 0 0 0 0 0
missing_manufacturer  0 1 0 0 1 0 0 0 1 0
missing_make          0 0 0 0 0 0 0 0 0 0
missing_condition     0 1 1 0 1 0 0 1 0 0
missing_cylinders     0 1 1 0 1 0 0 1 1 0
missing_fuel          0 0 0 0 0 0 0 0 0 0
missing_odometer      0 1 1 0 0 0 0 0 1 0
missing_title_status  0 0 0 0 0 0 0 0 0 0
missing_transmission  0 0 0 0 0 0 0 1 0 0
missing_vin           1 1 1 0 1 1 1 0 1 0
missing_drive         0 1 1 0 1 0 0 1 1 0
missing_size          1 1 1 0 1 1 0 1 0 1
```

```
missing_type              0 1 1 0 1 1 0 1 1 0
missing_paint_color       0 1 1 0 1 1 0 1 0 0
missing_image_url         0 0 0 0 0 0 0 0 0 0
missing_county_fips       0 0 0 0 0 0 0 0 1 1
missing_county_name       0 0 0 0 0 0 0 0 1 1
missing_state_fips        0 0 0 0 0 0 0 0 1 1
missing_state_code        0 0 0 0 0 0 0 0 1 1
missing_weather           0 0 0 0 0 0 0 0 1 1
```

在上述代码中,新建立了数据集mismark_car用于记录数据集car_data中的缺失值信息。在mismark_car中,每个用于记录单个变量缺失值信息的变量名由“missing_”加上在car_data中的原变量名构成。

例如在car_data中的变量fuel,在mismark_car中由missing_fuel与之相对应。在这段代码中使用了数据框的DataFrame.isna()方法,用逻辑值形式(即值为True或False形式)标记了每个变量中所有值是否为缺失值,继而使用Series.astype(int)方法将其转化为0-1形式(True为1,False为0)。在代码执行结果中,为了显示效果将输出结果进行了转置,且仅显示了前十个样本的标记情况。

此时,已经完成了对每个变量缺失值信息的识别,识别的结果存储于相对应的哑变量中。

12.2　缺失值模式的提取

假设有一个数据集,包含了三个变量A、B、C,且数据集中有三个样本,如表12.1左边部分所示。通过对缺失值模式的识别,获得了每个变量0-1形式的缺失值信息,如表12.1中间部分所示。本节将构造二进制和十进制两种形式的样本缺失值模式,如表12.1右边部分所示。其中二进制形式是将中间部分每个变量0-1形式的值转变成字符形式再连接而成,例如样本2得到的二进制形式缺失值模式值为“101”;十进制形式则是由二进制形式转换而来,例如:样本2的十进制形式缺失值模式值为5。

表 12.1　变量缺失值信息与样本缺失值模式关系表

样本	原始变量数据			变量缺失值信息			样本缺失值模式	
	A	B	C	miss_A	miss_B	miss_C	pattern1（二进制）	pattern2（十进制）
样本 1	20	30	NaN	0	0	1	“001”	1
样本 2	NaN	33	NaN	1	0	1	“101”	5
样本 3	45	NaN	30	0	1	0	“010”	2

通过这种方式，可以将每个样本的缺失值情况标记了出来。构造二进制和十进制两种样本缺失值模式的原因是为了适应不同模型运算要求的需要。第二个步骤的操作方法见代下述代码。

```
# 提取缺失值模式
# 将0-1缺失标识转为字符串
mispattern1_car = mismark_car.astype(str)
# 将每行字符串拼接为二进制码形式,耗时较久
mispattern1_car = mispattern1_car.apply(lambda x: x.str.cat(),axis=1)
# 将二进制码转为十进制
mispattern2_car = mispattern1_car.apply(lambda x: int(x,2))
# 合并数据
car_data1 = car_data.merge(mismark_car,how="left",
                left_index=True,right_index=True)
car_data1["missing_pattern1"] = mispattern1_car
car_data1["missing_pattern2"] = mispattern2_car
print("缺失值模式:\n%s" %
car_data1[['missing_pattern1','missing_pattern2']][0:20])
```

```
缺失值模式:
        missing_pattern1        missing_pattern2
0      00000000010100000000           1280
1      01011010011111000000         370624
2      00011010011111000000         108480
3      00000000000000000000              0
4      01011000011111000000         362432
5      00000000010111000000           1472
6      00000000010000000000           1024
7      00011000101111000000         101312
8      01001010011010011111         304799
9      00000000000100011111            287
```

```
10      00000000010000011111      1055
11      00000000010000011111      1055
12      00000000000000011111        31
13      00000010010000011111      9247
14      00000000010100011111      1311
15      00000000010000011111      1055
16      00000000010100011111      1311
17      00000000010100011111      1311
18      00000000010100011111      1311
19      00000000010100011111      1311
```

上述代码的算法步骤是：

第一步，将步骤一得到的mismark_car使用DataFrame.astype(str)方法转化为字符串型；

第二步，使用数据集的DataFrame.apply方法对每行数据都基于lambda表达式调用Series.str.cat()方法将该行中各个0、1字符连接成一个二进制形式的字符串，并将结果存放在mispattern1_car中，这一步的运算时间较长；

第三步，仍然使用数据集的apply方法对每行数据都基于lambda表达式调用int()函数将二进制形式的字符串转换为十进制形式，并将结果存放在mispattern2_car中。

本章练习

练习内容：使用本章所介绍的方法对以下数据集进行缺失值模式提取：

数据集名称：Used cars for sale in Germany and Czech Republic since 2015

数据集介绍：该数据集是在2015年后的一年多时间里从捷克共和国和德国的几个网站上抓取的二手车销售的数据。这个数据集存在大量缺失值、错误数据等问题。数据收集者的研究目的是通过对该数据集的分析与建模来预测二手车的价格，进而分析二手车价格的决定因素。

数据集链接：

https://www.kaggle.com/mirosval/personal-cars-classifieds.

第13章　数据特征缩放

数据特征缩放是数据变换的一种形式，其主要目的是在维持数据基本特征的基础上改变其分布位置和尺度，以适应分析的需求。在数据准备过程中经常使用的几种主要的数据特征缩放方法包括：中心化、标准化、Min-Max缩放、Max-ABS缩放和Robust缩放，本章将对这几种数据特征缩放方法进行介绍。

变量的数据特征是指其取值的分布特点，与数据所反映的信息内容、测量尺度和采集方式等有关。有些数据的取值范围是无限的（例如：某商品的销售量），而有些数据的取值则存在严格或不严格的限制（例如：经纬度数据有严格的范围，而年龄数据虽有范围，但是其边界不严格）。从数据分析角度来看，原始数据的分布特征往往与模型的要求不一致。比如当两个变量要进行比较时，不同的量纲使比较无法进行；再比如有些模型的分析结果会受到数据尺度的影响，尺度不同的数据无法纳入同一个模型进行分析。

由于数据特征与分析需求的不匹配，所以要求我们在数据准备阶段进行数据特征缩放（data feature scaling），以适应分析的需要。简单地说，数据特征缩放就是把原始数据通过某种算法限制在需要的范围内，同时又尽量保持其分布特征。数据特征缩放对数据分析有以下三个方面的意义：

（1）多数数据特征缩放方法可以消除数据的量纲，同时保留其分布特征，有利于不同量纲数据之间的比较，避免了对建模的影响；

（2）数据特征缩放可以提高梯度下降求解（迭代运算）的收敛速度，提高建模效率；

（3）数据特征缩放可以提高一些模型的预测精度。

数据特征缩放的方法可以简单地概括为："首先中心化，然后除以尺度"，即

$$X_{scaled}=\frac{X-center}{scale}$$

式中，X为原始数据；X_{scaled}为缩放后的数据；$center$为数据的比较基准，它可以是均值或中位数，也可以是最小值等其他比较基准；$scale$是数据特征缩放的尺度，它可以是数据的标准差或四分位差，也可以是最大值与最小值之差或最大值的绝对值等。对比较基准和尺度的不同选择，就形成了不同的数据特征缩放方法。

本章介绍五种数据特征缩放方法，包括数据的标准化方法（中心化和标准

化)、数据的归一化方法(Min-Max缩放和Max-ABS缩放)以及对包含异常值数据的标准化方法。scikit-learn库为我们提供了较为完善的数据特征缩放实现方法,这些方法分为两类,以数据标准化方法为例,函数scale()提供了对单一序列进行标准化的实现方式;模块StandardScaler则提供了建立数据标准化模型的方法。

StandardScaler模块可以基于训练集训练(fit)出用于数据标准化的模型,得到训练集中每个变量的比较基准和尺度等标准化参数,该模型可以用于对测试集及其他结构相同的数据集进行数据标准化操作。这种方式将模型生成和应用两个场景分离,即数据科学家负责建模,实际开发或业务人员可以直接应用模型而不需要了解模型的训练过程。

本节使用到scikit-learn库中的许多模块,同时本节使用的波士顿房价数据集也是scikit-learn库内置的数据集。这些库和数据的加载过程见下述代码。

```
import pandas as pd
import matplotlib.pyplot as plt
import copy
from sklearn.datasets import load_boston
from sklearn.preprocessing import scale
from sklearn.preprocessing import StandardScaler
from sklearn.preprocessing import minmax_scale
from sklearn.preprocessing import MinMaxScaler
from sklearn.preprocessing import maxabs_scale
from sklearn.preprocessing import MaxAbsScaler
from sklearn.preprocessing import robust_scale
from sklearn.preprocessing import RobustScaler
from sklearn.decomposition import PCA
from sklearn.linear_model import LinearRegression
from sklearn.metrics import mean_squared_error
boston = pd.read_csv("boston.csv",header=0)
```

在本章后面的内容中,将主要以波士顿房价数据集中的变量B为例演示数据特征缩放。为了便于与未进行缩放的数据比较,笔者在下述代码中分别计算了变量B的平均值、标准差、最大值和最小值,并绘制了该变量的序列图和箱线图见图13.1和图13.2,以及波士顿房价数据集中所有变量的箱线图。通过序列图和箱线图,可以很直观地观察变量分布的特征,通过与后续经过缩放后变量的序列图和箱线图进行对比,可以帮助我们观察缩放前后数据分布的变化情况

(见图13.3)。

```
# 观察原始数据
B = boston["B"]
print("变量B的分布\n平均值:%f\n标准差:%f\n最大值:%f\n最小值:%f" %
(B.mean(),B.std(),B.max(),B.min()))
plt.plot(B) # 折线图
plt.xlabel("Index")
plt.ylabel("Values of B")
plt.show()
plt.boxplot(B,labels="B") # 箱线图
plt.show()
plt.boxplot(boston.values,labels=boston.columns,vert=False)
plt.xlabel("Values of boston")
plt.show()
```

```
变量B的分布
平均值：356.674032
标准差： 91.294864
最大值：396.900000
最小值：   0.320000
```

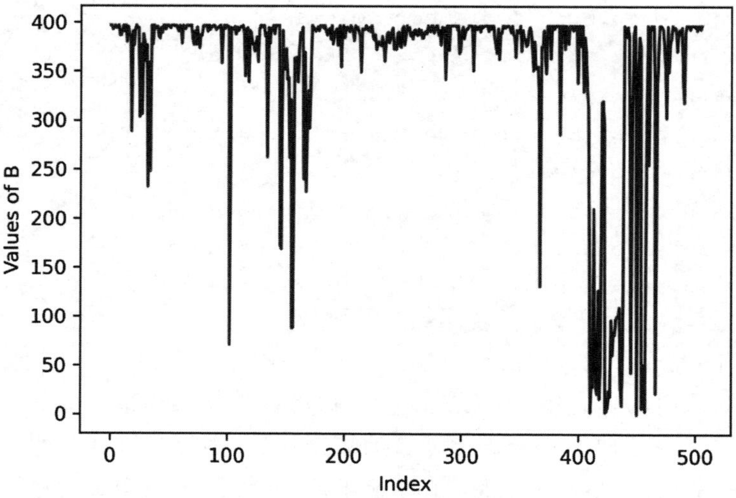

图 13.1　变量 B 的分布(折线图)

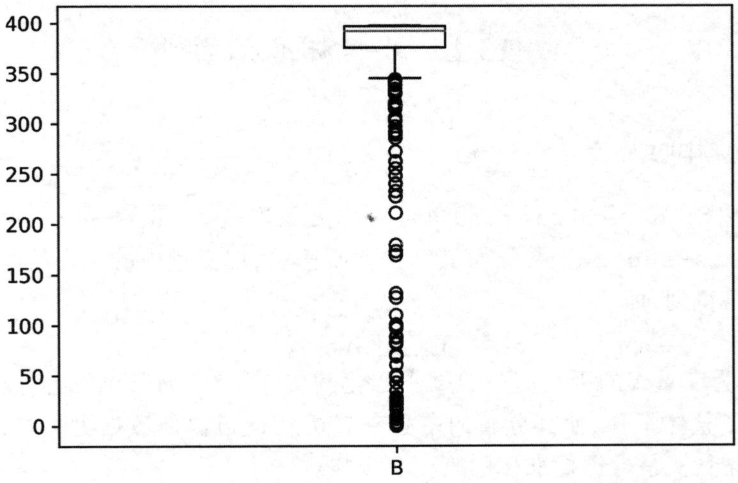

图 13.2　变量B的分布(箱线图)

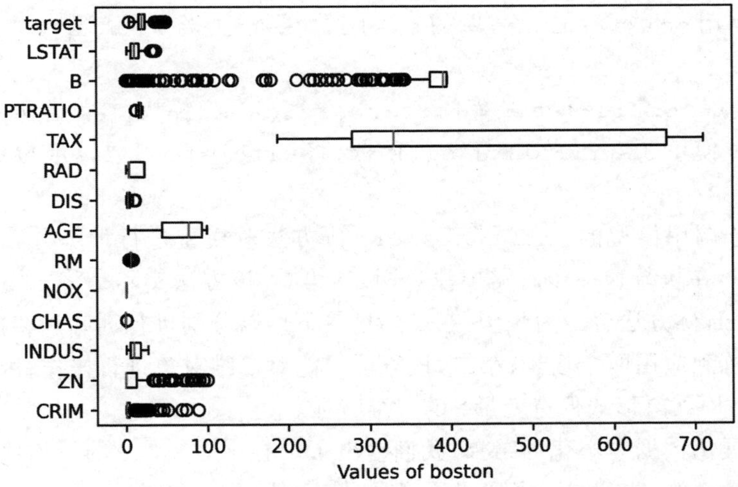

图 13.3　数据集中所有变量的分布

13.1 数据标准化

13.1.1 中心化

中心化(centralization)也可以称为零均值化(zero-centered)或去均值化(mean-subtraction),其算法非常简单,用变量中的每个值减去该变量的均值即可得到,即

$$X_{scaled} = X - \bar{X}$$

上式中,$\bar{X}$为变量X的平均值。数据中心化其实既没有“缩”,也没有“放”,而是将数据进行了整体平移,使其分布的中心变为0,因此可以使数据更加容易向量化。数据中心化其实是数据标准化的第一个步骤。

在下述代码中展示了几种数据中心化的实现方法,包括:

(1)直接计算;

(2)使用scikit-learn库的scale()函数,并将with_std参数设定为False;

(3)使用scikit-learn库的StandardScaler模块,具体有两个步骤:

(a)使用StandardScale()函数,将with_std参数设定为False,建立模型scaler;

(b)调用模型的fit_transform()方法对模型进行训练并直接对数据进行转换。在执行这一步时需要注意两点:第一,该方法实际是将fit()方法和transform()方法合二为一了,在实际场景下可以分别进行训练和转换,以便区分模型训练和应用两个场景;第二,该方法只能对二维对象进行操作,因此需要用boston[["B"]]形式保持变量B的二维特征。

为了展示数据中心化的结果,我们输出了中心化后变量B的平均值、标准差、最大值和最小值,并绘制了序列图和箱线图(见图13.4和图13.5)。

```
# 直接计算
centralize = B - B.mean()
# 使用scikit—learn 的scale()函数
centralize_s = scale(B,with_std=False)
# 使用StandardScaler类,对变量B 中心化
scaler = StandardScaler(with_std=False)
centralize_scaler = scaler.fit_transform(boston[["B"]])
print("中心化后B的分布\n平均值:%f\n标准差:%f\n最大值:%f\n最小值:%f" %
```

```
    (centralize_scaler.mean(),centralize_scaler.std(),
    centralize_scaler.max(),centralize_scaler.min()))
plt.plot(centralize_scaler)
plt.xlabel("Index")
plt.ylabel("Values of centralize_scaler")
plt.show()
plt.boxplot(centralize_scaler,labels="B")
plt.ylabel("Values of centralize_scaler")
plt.show()
```

中心化后B的分布
平均值：　-0.000000
标准差：　91.204607
最大值：　40.225968
最小值：-356.354032

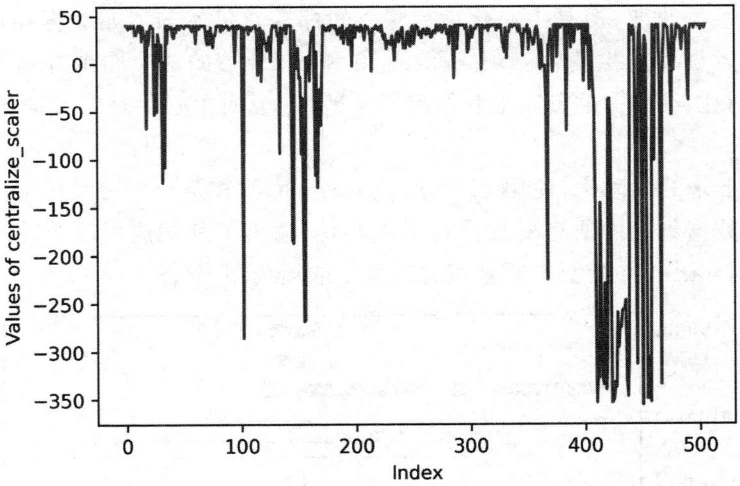

图13.4　对变量B进行中心化后的数据分布(折线图)

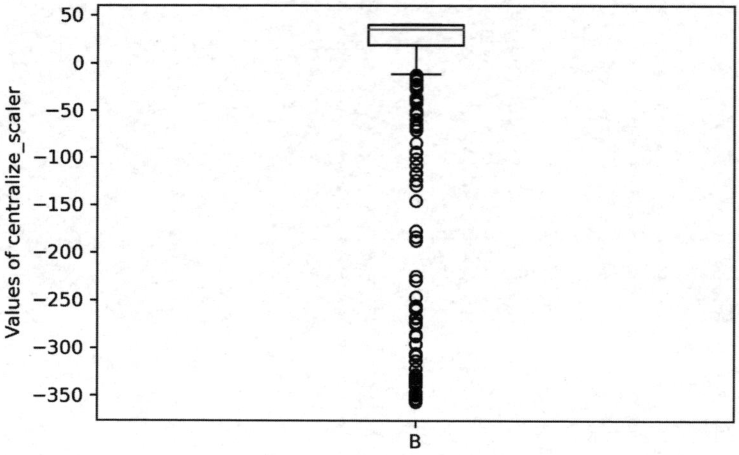

图 13.5　对变量 B 进行中心化后的数据分布(箱线图)

从代码执行结果可以看到,中心化后的变量 B 平均值为 0,相应的最大值和最小值也发生了改变,但是中心化后变量 B 的标准差仍然与原始数据相同,说明该变量的尺度没有发生变化。观察图 13.4 和图 13.5 的两个图形并与图 13.1 和图 13.2 对比,变量 B 的分布形状没有发生改变,说明中心化对于数据的分布形状没有影响。

在接下来的代码中,使用 scikit-learn 库的 StandardScaler 模块对波士顿房价数据集中的所有变量进行了中心化,输出了其缩放尺度属性 scale_ 和均值属性 mean_,并绘制了所有缩放后变量的箱线图(见图 13.6)。

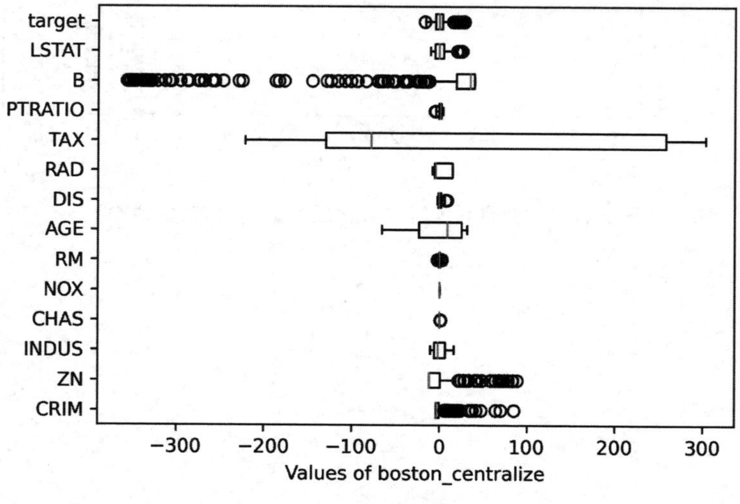

图 13.6　对波士顿房价数据集中所有变量中心化后的结果

```
# 使用StandardScaler类,对整个数据集中心化
scaler=StandardScaler(with_std=False)
boston_centralize=scaler.fit_transform(boston)
print(pd.DataFrame({"Scale":scaler.scale_,"Mean":scaler.mean_},
            index=boston.columns))
plt.boxplot(boston_centralize,labels=boston.columns,vert=False)
plt.xlabel("Values of boston_centralize")
plt.show()
           Scale       Mean
CRIM        None    3.613524
ZN          None   11.363636
INDUS       None   11.136779
CHAS        None    0.069170
NOX         None    0.554695
RM          None    6.284634
AGE         None   68.574901
DIS         None    3.795043
RAD         None    9.549407
TAX         None  408.237154
PTRATIO     None   18.455534
B           None  356.674032
LSTAT       None   12.653063
target      None   22.532806
```

从代码执行结果可以观察到,由于本例对变量B进行的是中心化缩放,未使用数据的尺度属性,因而其Scale那一列的值都为None。观察图13.6可以发现,每个变量的分布形状都没有改变,但图13.6中所有变量都以0为中心进行分布了。

本部分笔者较为详细地介绍了数据中心化的实现方法。在本节后续的部分还会陆续介绍四种数据特征缩放的方法,其实现形式和展示出来的步骤都与本部分相似。因此在后续四种数据特征缩放方法的介绍中,笔者仅对每种方法的要点进行强调,具有共性的技术细节将不再赘述。

13.1.2 标准化

标准化(standardization或normalization)方法又可以称为Z-score标准化,该方法是在中心化的基础上,再除以该数据的标准差,缩放后的变

量均值为 0，标准差为 1，其公式为：

$$X_{scaled}=\frac{X-\bar{X}}{S}$$

上式中，S 为标准差。经过标准化处理后的每个新值体现了变量原值在序列中的相对位置，表现为“与均值的距离是标准差的 X_{scaled} 倍”，而正负号则代表了原值是大于(+)还是小于(-)均值。例如某个值经过标准化后为 1.5，说明该值在原序列中处于大于均值 1.5 倍标准差的位置，另一个值经过标准化后为-3，则说明该值在原序列中处于小于均值 3 倍标准差的位置。由于标准差可以理解为变量中的值到均值的平均距离，因此若一个值远离均值达到 3 倍标准差以上，这个值往往可以被看作异常值[①]。

与前面数据中心化的操作类似，下面代码展示了直接计算和使用 scikit-learn 库中的 scale() 函数及 StandardScaler 模块对变量 B 进行标准化的操作，输出了标准化后变量 B 的平均值、标准差、最大值和最小值，并绘制了序列图和箱线图。

```
# 直接计算
normalize = (B - B.mean()) / B.std()
# 使用scikit-learn 的scale()函数
normalize_s = scale(B)
# 使用StandardScaler类,对变量B 标准化
scaler = StandardScaler()
normalize_scaler = scaler.fit_transform(boston[["B"]])
print("标准化后B的分布\n平均值:%f\n标准差:%f\n最大值:%f\n最小值:%f" %
    (normalize_scaler.mean(),normalize_scaler.std(),
    normalize_scaler.max(),normalize_scaler.min()))
plt.plot(normalize_scaler) # 折线图
plt.xlabel("Index")
plt.ylabel("Values of normalize_scaler")
plt.show()
plt.boxplot(normalize_scaler,labels="B") # 箱线图
plt.ylabel("Values of normalize_scaler")
plt.show()
```

```
标准化后变量B的分布
平均值：-0.000000
```

① 本书已在第 5 章专门介绍了异常值的识别及处理方法。

```
标准差： 1.000000
最大值： 0.441052
最小值：-3.907193
```

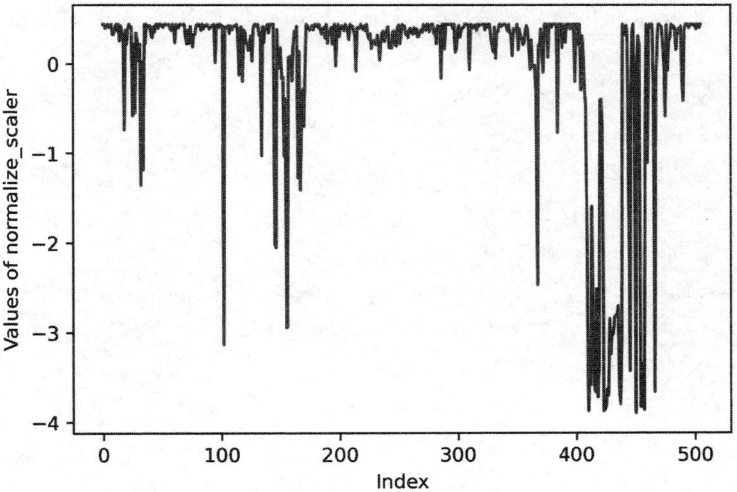

图13.7　对变量B标准化后的数据分布(折线图)

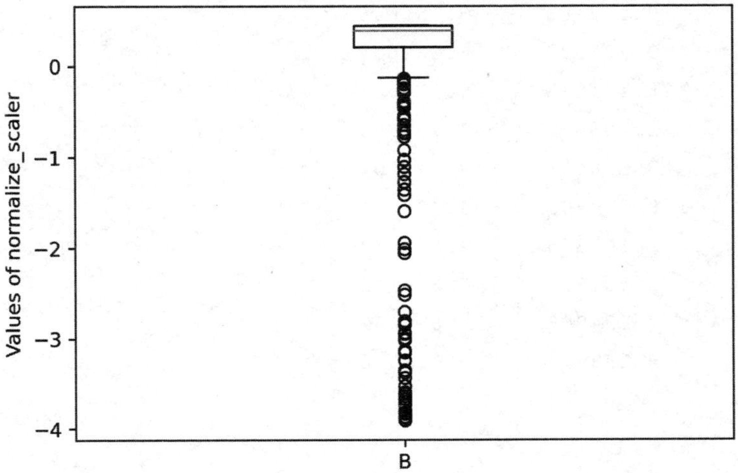

图13.8　对变量B标准化后的数据分布(箱线图)

从代码执行结果中可以看到,标准化后的变量B的均值为0,标准差为1。进一步观察图13.7和图13.8可以发现,变量B标准化后的分布形状没有变化,改变的只是均值和方差。同时我们还可以观察到,变量B标准化后,有一部分值小于-3,这说明这些数据的原值在序列中与均值的差异超过了3倍标准差的标准,属于非常特殊的数据，应当予以关注。

在接下来的代码中，展示了使用StandardScaler模块对数据集boston中所有变量进行标准化的过程，调用该模块的scale_参数和mean_参数输出了对这些变量进行标准化所依据的标准差和均值，并绘制了箱线图（见图13.9）。

```
# 使用StandardScaler类，对整个数据集标准化
scaler = StandardScaler()
boston_normalize = scaler.fit_transform(boston)
print(pd.DataFrame({"Scale":scaler.scale_,"Mean":scaler.mean_},
            index=boston.columns))
plt.boxplot(boston_normalize,labels=boston.columns,vert=False)
plt.xlabel("Values of boston_normalize")
plt.show()
```

```
                Scale        Mean
CRIM         8.593041    3.613524
ZN          23.299396   11.363636
INDUS        6.853571   11.136779
CHAS         0.253743    0.069170
NOX          0.115763    0.554695
RM           0.701923    6.284634
AGE         28.121033   68.574901
DIS          2.103628    3.795043
RAD          8.698651    9.549407
TAX        168.370495  408.237154
PTRATIO      2.162805   18.455534
B           91.204607  356.674032
LSTAT        7.134002   12.653063
target       9.188012   22.532806
```

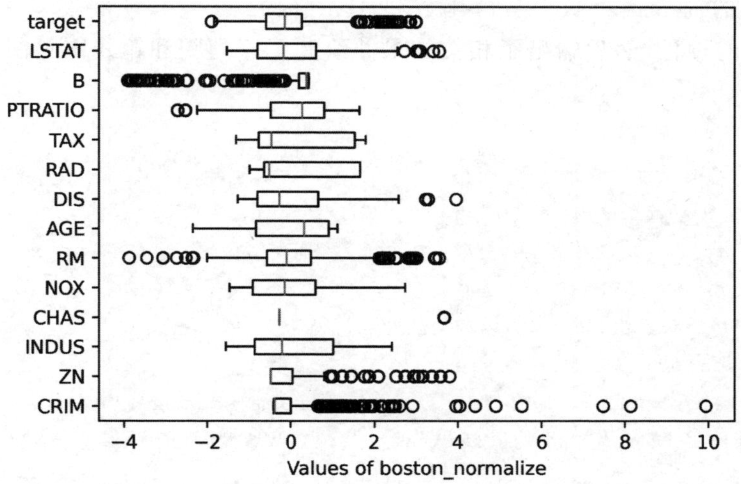

图13.9　对波士顿房价数据集中所有变量标准化后的结果

从输出结果可以观察到，各变量经过标准化后，变量间数据的分布范围差异明显变小，但变量本身的分布形状并未改变，这样在建立一些模型时就能避免数据尺度差异对模型造成的负面影响，提高模型的预测精度。

13.2　Min-Max缩放

Min-Max缩放也可以称为离差标准化(deviation standardization)，该方法可以将数据特征缩放至指定的区间，通常情况下这一指定区间为[0,1]，Min-Max缩放的相关公式为：

$$X_{std}=\frac{X-X_{\min}}{X_{\max}-X_{\min}}$$

$$X_{scaled}=X_{std}\times(R_{\max}-R_{\min})+R_{\min}$$

上面两个公式中，$X_{\min}$为数据中的最小值，$X_{\max}$为数据中的最大值，$R_{\max}$和$R_{\min}$为指定区间的上、下界，即$[R_{\min},\ R_{\max}]$。Min-Max缩放是将最小值$X_{\min}$作为比较基准，以$\frac{(X_{\max}-X_{\min})}{(R_{\max}-R_{\min})}$为尺度进行的缩放。若区间为[0,1]即$R_{\min}=0$且$R_{\max}=1$，则上述公式简化为：

$$X_{scaled}=X_{std}=\frac{X-X_{\min}}{X_{\max}-X_{\min}}$$

在下面代码中，仍然按照之前的模式展示了直接计算、使用scikitlearn库的minmax_scale()函数和MinMaxScaler模块将变量B缩放到区间[0,1]的过程，然后输出了相关结果并绘制了序列图和箱线图见图13.10和图13.11。

```
# 直接计算，将变量B缩放到区间[0,1]
B_01 = (B - B.min()) / (B.max() - B.min())
# 使用minmax_scale函数将变量B缩放到区间[0,1]
B_01 = minmax_scale(B)
# 使用MinMaxScaler类，将变量B缩放至区间[0,1]
minmaxs_scaler = MinMaxScaler()
B_01_scaler = minmaxs_scaler.fit_transform(boston[["B"]])
print("缩放后B的分布\n平均值:%f\n标准差:%f\n最大值:%f\n最小值:%f" %
    (B_01_scaler.mean(),B_01_scaler.std(),
    B_01_scaler.max(),B_01_scaler.min()))
plt.plot(B_01_scaler) # 折线图
plt.xlabel("Index")
plt.ylabel("Values of B_01_scaler")
plt.show()
plt.boxplot(B_01_scaler,labels="B") # 箱线图
plt.ylabel("Values of B_01_scaler")
plt.show()
```

```
缩放后B的分布
平均值: 0.898568
标准差: 0.229978
最大值: 1.000000
最小值: 0.000000
```

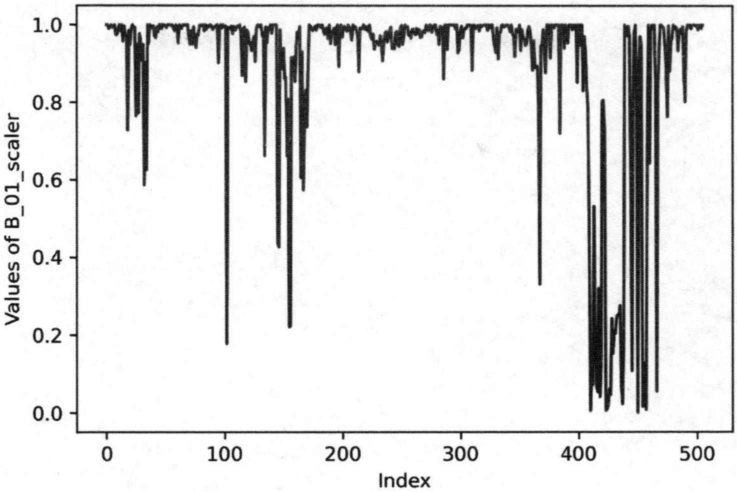

图13.10 使用MinMaxScaler将变量B缩放至区间[0,1](折线图)

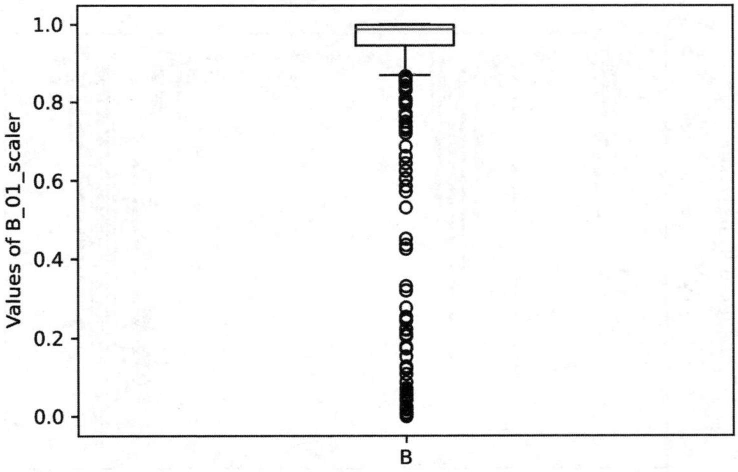

图13.11 使用MinMaxScaler将变量B缩放至区间[0,1](箱线图)

观察代码执行结果,缩放后的最大值和最小值分别为1和0,从图13.10和图13.11可以看到,变量B的分布形状没有改变。在Min-Max缩放方法中,可以通过设置minmax_scale()函数和MinMaxScaler模块的feature_range参数来改变其缩放区间。该参数默认值为(0,1),在下方代码中我们尝试将该参数赋值为(0,10),并观察其缩放结果。

```
# 使用MinMaxScaler类,将变量B缩放至任意区间[a,b]
minmaxs_scaler = MinMaxScaler(feature_range=(0,10))
```

```
B_ab_scaler = minmaxs_scaler.fit_transform(boston[["B"]])
print("缩放后B的分布\n平均值:%f\n标准差:%f\n最大值:%f\n最小值:%f" %
   (B_ab_scaler.mean(),B_ab_scaler.std(),B_ab_scaler.max(),
    B_ab_scaler.min()))plt.plot(B_ab_scaler) #折线图
plt.xlabel("Index")
plt.ylabel("Values of B_ab_scaler")
plt.show()
plt.boxplot(B_ab_scaler,labels="B") #箱线图
plt.ylabel("Values of B_ab_scaler")
plt.show()
```

缩放后B的分布
平均值： 8.985678
标准差： 2.299778
最大值：10.000000
最小值： 0.000000

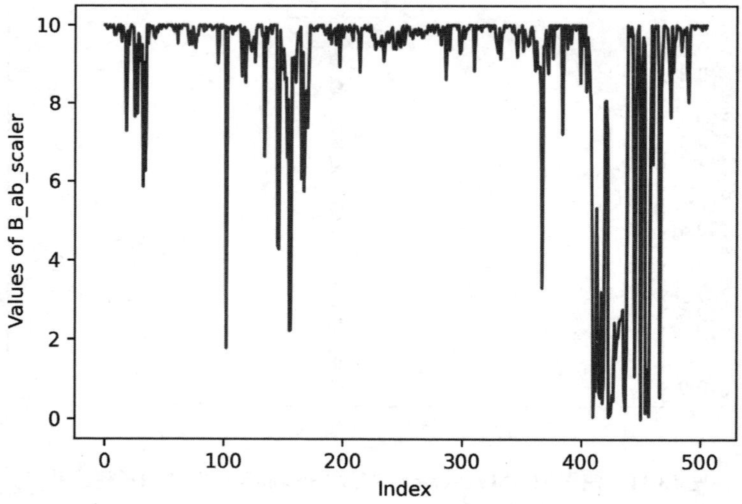

图13.12　使用MinMaxScaler将变量B缩放至区间[0, 10]（折线图）

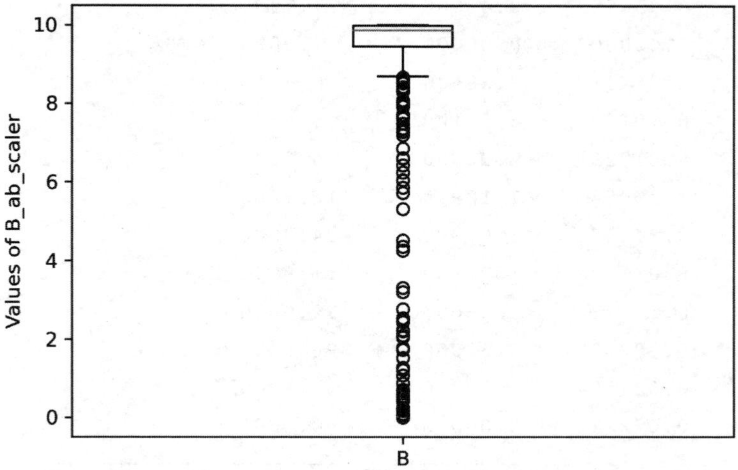

图13.13 使用MinMaxScaler将变量B缩放至区间[0, 10](箱线图)

代码执行结果和图13.12及图13.13显示,变量B的最大值和最小值变为10和0,但其分布形状没有改变。使用这种方法,我们可以在不改变分布形状的情况下将数据特征缩放至任意指定区间范围内。

在下方代码中,我们使用MinMaxScaler模块将数据集boston中的所有变量都缩放至区间[0,1],并调用该模块的scale_、data_min_、data_max_三个属性输出这些变量的缩放尺度①、最小值和最大值,并绘制了箱线图(见图13.14)。从输出结果看,所有变量都被缩放至区间[0,1]。

```
# 使用MinMaxScaler类,将数据集中所有变量缩放至区间[0,1]
mm_scaler = MinMaxScaler()
boston_01 = mm_scaler.fit_transform(boston)
print(pd.DataFrame({"Scale":mm_scaler.scale_,
"Min":mm_scaler.data_min_,
"Max":mm_scaler.data_max_},index=boston.columns))
plt.boxplot(boston_01,labels=boston.columns,vert=False)
plt.xlabel("Values of boston_01")
plt.show()
```

```
           Scale        Min         Max
CRIM       0.011240     0.00632     88.9762
ZN         0.010000     0.00000     100.0000
```

① 这里MinMaxScaler模块scale_属性对应的尺度为$\frac{(R_{max}-R_{min})}{(X_{max}-X_{min})}$。

```
INDUS      0.036657   0.46000     27.7400
CHAS       1.000000   0.00000      1.0000
NOX        2.057613   0.38500      0.8710
RM         0.191608   3.56100      8.7800
AGE        0.010299   2.90000    100.0000
DIS        0.090935   1.12960     12.1265
RAD        0.043478   1.00000     24.0000
TAX        0.001908   187.00000  711.0000
PTRATIO    0.106383   12.60000    22.0000
B          0.002522   0.32000    396.9000
LSTAT      0.027594   1.73000     37.9700
target     0.022222   5.00000     50.0000
```

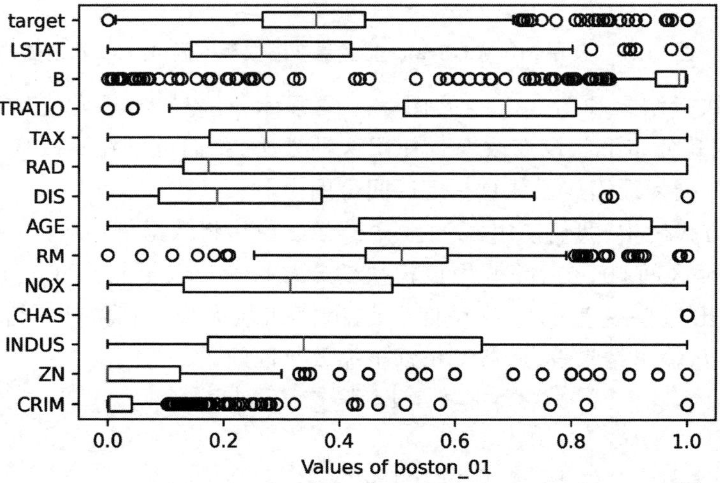

图 13.14 对波士顿房价数据集中所有变量 Mix-Max 缩放

13.3 Max-ABS 缩放

Max-ABS 缩放可以将变量缩放至区间 [-1,1]，但是所采取的方式与 Min-Max 缩放不同。Max-ABS 缩放的算法非常简单，变量的每个值除以变量绝对值的最大值即可，公式为：

$$X_{scaled} = \frac{X}{|X|_{\max}}$$

式中，$|X|_{\max}$ 为 X 绝对值的最大值。Max-ABS 缩放的作用是将数据直接压缩到区

间[-1,1]内。读者需要注意的是,经过Max-ABS缩放后,数据的正负取决于其原值的正负,也就是说,这个方法不是将原数据的所有值整体缩放到区间[-1,1],而是将原值大于0的数据特征缩放到区间(0,1],将原值小于0的数据特征缩放到区间[-1,0),原值等于0的数据特征缩放后还为0。

在下面代码中,我们首先使用直接计算的方法对变量B进行了Max-ABS缩放。由于变量B的所有值均大于0,因此笔者构造了一个新变量B1,该变量将从变量B中随机抽取的100个值乘以-1,从而使得B1同时拥有正、负数的值。使用scikit-learn库中的maxabs_scale()函数对变量B和变量B1均进行了缩放,然后输出了两个变量缩放后的描述统计指标,包括样本数量(count)、均值(mean)、标准差(std)、最小值(min)、下四分位数(25%)、中位数(50%)、上四分位数(75%)和最大值(max),并绘制了两个变量缩放前后的箱线图(见图13.15和图13.16)。

```
# 直接计算,将变量B缩放至区间[-1,1]
B_ma = B/B.abs().max()
# 使用maxabs_scale()函数将变量B缩放至区间[-1,1]
B_ma = pd.Series(maxabs_scale(B))
# 随机抽取100个数据变成负数,然后再缩放至区间[-1,1]
B1 = copy.deepcopy(B)
index1 = B1.sample(n=100,random_state=0).index
B1[index1] = -1 * B1[index1]
B1_ma = pd.Series(maxabs_scale(B1))
print(round(pd.DataFrame({"缩放后的B":B_ma.describe(),
                    "缩放后的B1":B1_ma.describe()}),3))
plt.boxplot((B,B1),labels=("B","B1")) # 箱线图
plt.ylabel("Values of B & B1")
plt.show()
plt.boxplot((B_ma,B1_ma),labels=("B_ma","B1_ma")) # 箱线图
plt.ylabel("Values of B_ma & B1_ma")
plt.show()
```

```
       缩放后的B  缩放后的B1
count  506.000   506.000
mean     0.899     0.553
std      0.230     0.746
min      0.001    -1.000
25%      0.946     0.429
50%      0.986     0.975
75%      0.998     0.996
```

```
max        1.000      1.000
```

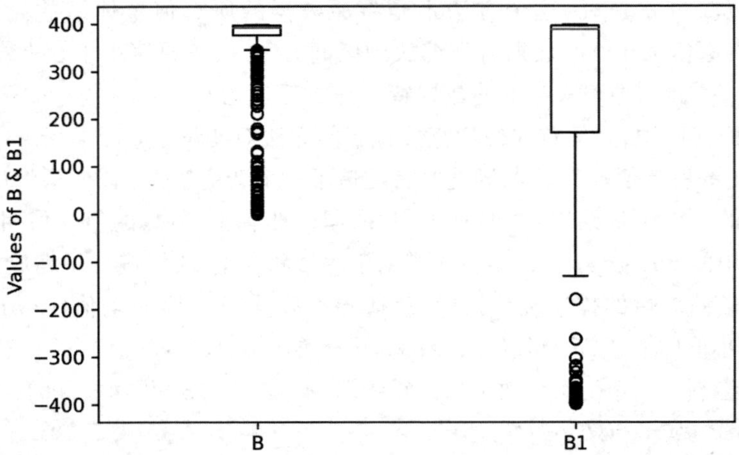

图 13.15　B1 的原始分布

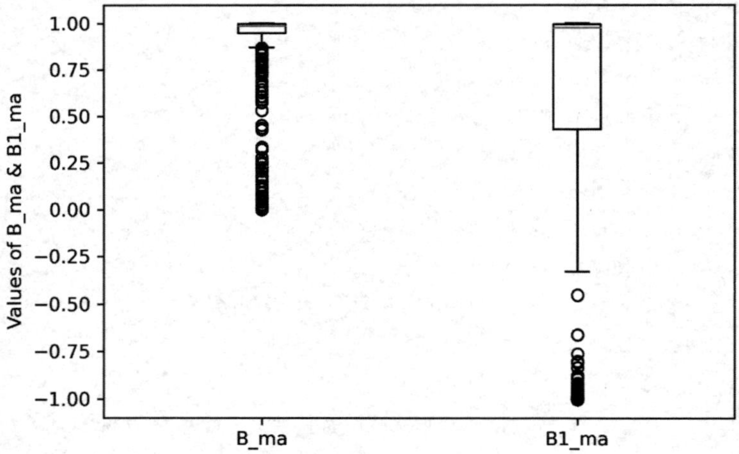

图 13.16　B1 使用 Max-ABS 缩放后的分布

从输出结果中可以观察到，不包含负数的变量 B 缩放后的结果仍然不包含负数，缩放后的结果分布在区间 (0,1] 内（注意：缩放后变量 B 的最小值是 0.001），而包含负数的变量 B1 缩放后的结果则分布在区间 [-1,1] 内。在下面代码中，展示了使用 MaxAbsScaler 模块对变量 B 和数据集 boston 中所有变量进行 Max-ABS 缩放的方法。对变量 B 缩放的结果见图 13.17 和图 13.18，可以发现原变量的分布形状仍然得以保留。

```
# 使用MaxAbsScaler模块将变量B缩放至区间[-1,1]
ma_scaler = MaxAbsScaler()
B_ma_scaler = ma_scaler.fit_transform(boston[["B"]])
plt.plot(B_ma_scaler) # 折线图
plt.xlabel("Index")
plt.ylabel("Values of B_ma_scaler")
plt.show()
plt.boxplot(B_ma_scaler,labels="B")
plt.ylabel("Values of B_ma_scaler")
plt.show()
# 使用MaxAbsScaler模块将数据集中所有变量缩放至区间[-1,1]
ma_scaler = MaxAbsScaler()
boston_ma = ma_scaler.fit_transform(boston)
print(pd.DataFrame({"Scale":ma_scaler.scale_,
"MaxABS":ma_scaler.max_abs_,},index=boston.columns))
plt.boxplot(boston_ma,labels=boston.columns,vert=False)
plt.xlabel("Values of boston_ma")
plt.show()
```

```
             Scale      MaxABS
CRIM       88.9762     88.9762
ZN        100.0000    100.0000
INDUS      27.7400     27.7400
CHAS        1.0000      1.0000
NOX         0.8710      0.8710
RM          8.7800      8.7800
AGE       100.0000    100.0000
DIS        12.1265     12.1265
RAD        24.0000     24.0000
TAX       711.0000    711.0000
PTRATIO    22.0000     22.0000
B         396.9000    396.9000
LSTAT      37.9700     37.9700
target     50.0000     50.0000
```

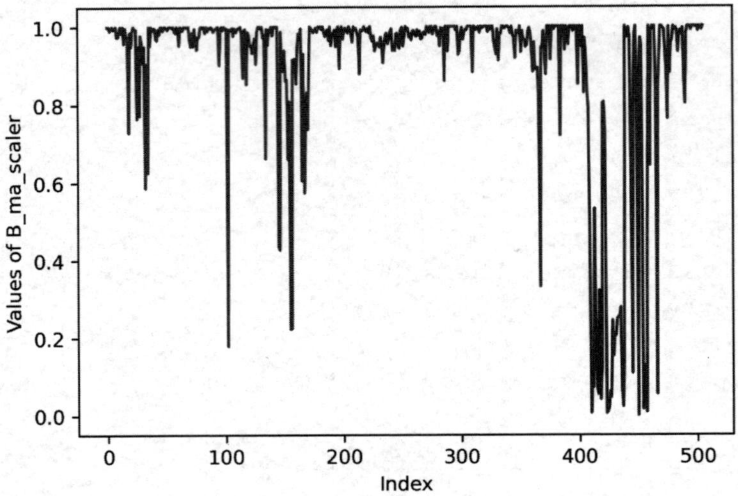

图 13.17　使用 **MaxAbsScaler** 对变量 **B** 缩放后的分布（折线图）

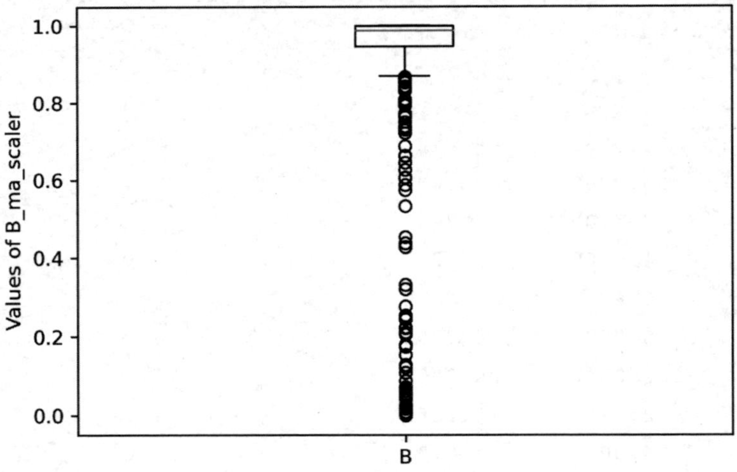

图 13.18　使用 **MaxAbsScaler** 对变量 **B** 缩放后的分布（箱线图）

对于数据集 boston，除了对其所有变量进行了 Max-ABS 缩放，还输出了 MaxAbsScaler 模块的 scale_ 属性和 max_abs_ 属性，并绘制了箱线图（图 13.19）。从运行结果可以得知，Max-ABS 缩放的尺度就是变量绝对值的最大值。从图 13.19 可以观察到，由于数据集 boston 中的所有变量均不包含负数，因此所有变量都被缩放到区间（0,1］内。

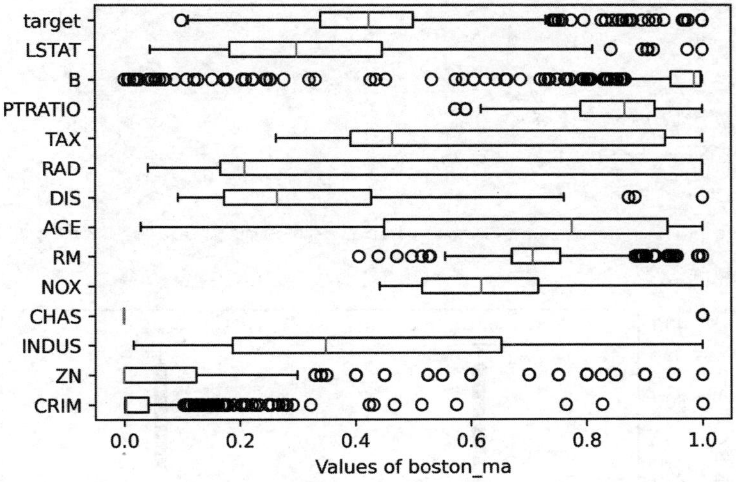

图13.19　对波士顿房价数据集中所有变量Max-ABS缩放

使用上一部分介绍的Min-Max缩放方法，如果将参数feature_range设定为(-1,1)也可以实现将变量缩放到区间[-1,1]内的功能，但是其与Max-ABS缩放的效果是否相同？能否互相替代？下面我们通过实验来了解一下。

下述代码以变量B和新构造的变量B2作为测试对象，步骤为：

第一步，建立新变量B2，方法为从变量B中随机抽取一个位置，将其值改为-100；

第二步，绘制箱线图观察其变量B和B2的原始分布(见图13.20)；

第三步，使用minmax_scale(feature_range=(-1,1))函数对变量B和B2进行缩放，得到Bmm和B2mm；

第四步，使用maxabs_scale()函数对变量B和B2进行缩放，得到Bma和B2ma；

第五步，绘制Bmm、Bma、B1mm和B1ma的箱线图。

```
# min_max方法与max_abs方法的比较
# 生成B2
B2 = copy.deepcopy(B)
index2 = B2.sample(n=1,random_state=0).index
B2[index2] = -100
# 观察B和B2原值的分布
plt.boxplot((B,B2),labels=("B","B2"))
plt.ylabel("Values of B & B2")
plt.show()
```

```
# 分别对变量B用两种方法缩放
Bmm = minmax_scale(B,(-1,1))
Bma = maxabs_scale(B)
# 分别对变量B2用两种方法缩放
B2mm = minmax_scale(B2,(-1,1))
B2ma = maxabs_scale(B2)
plt.boxplot((Bmm,Bma,B2mm,B2ma),labels=("Bmm","Bma","B2mm","B2ma"))
plt.show()
```

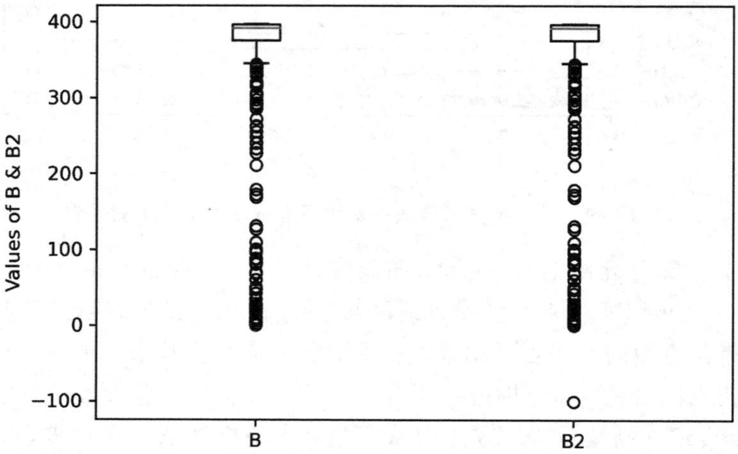

图 13.20　变量 B、B2 的原始分布

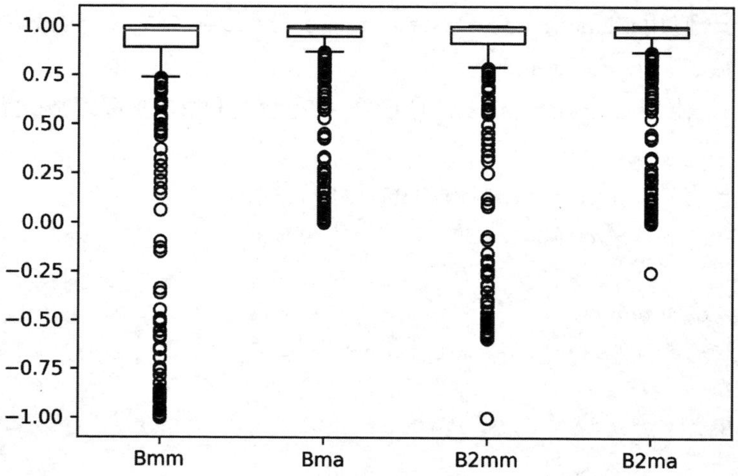

图 13.21　变量 B、B2 用两种方法缩放后的结果

观察图13.21可以发现,对于不包含负数的变量B,Min-Max缩放方法将其缩放到整个区间[-1,1]范围内;而Max-ABS缩放方法则仅仅将其缩放到大于零的区间(0,1]内。对于包含一个值为-100的负数的变量B2来说,Min-Max缩放方法仍然将其缩放到整个区间[-1,1]范围内,而且值-100在缩放后转变为-1,其他值按比例缩放;而Max-ABS缩放方法虽然也是将其缩放到区间[-1,1]范围内,但值-100在缩放后转变为-100/396.9。从实验的结果看,Min-Max缩放与Max-ABS缩放的效果明显不同,因而无法完全相互替代。

13.4 Robust缩放

在标准化部分介绍数据标准化的结果时,提到变量B经过标准化后,部分结果的绝对值大于3,可以视为异常值。变量中的异常值是数据预处理需要重点关注的内容之一,异常值的存在会对数据分析甚至是数据预处理本身产生影响。在不存在异常值或存在异常值但情况不严重时,标准化方法是适用的。但是如果变量的异常值情况比较严重,那么标准化方法就不再适用,需要使用本部分介绍的Robust缩放方法。

标准化方法之所以对异常值问题比较严重的变量不适用,是因为数据标准化算法需要用到的均值和标准差是两个极易受极端值影响的统计量,一旦数据中出现过大或过小的异常数据(即极端值),哪怕数量极少,都会令均值和标准差指标出现偏差,从而失去统计意义。

Robust①缩放方法与标准化方法的理念相同,都是"首先中心化,然后除以尺度"。二者的区别是Robust缩放用不易受极端值影响但作用相近的中位数(median)和四分位差(IQR)替代了均值和标准差,公式为:

$$X_{scaled}=\frac{X-Median}{IQR}$$

在下面代码中演示了通过直接计算和使用scikit-learn库中的Robust-Scaler模块对变量B和数据集boston中所有变量进行Robust缩放的过程,调用模块的scale_属性和center_属性输出了这些变量的四分位差和中位数,并绘制了箱线图。

```
# 直接计算
B_rob = (B - B.median()) / ( B.quantile(0.75) - B.quantile(0.25))
```

① Robust可以直接音译为"鲁棒性",也可以意译为"稳健性",在数据分析领域其含义为对数据的分析或处理结果不易受其他因素干扰。

```
# 使用RobustScaler类，将变量B标准化
rob_scaler = RobustScaler()
B_rob_scaler = rob_scaler.fit_transform(boston[["B"]])
# 使用RobustScaler模块将数据集中所有变量标准化
rob_scaler = RobustScaler()
boston_rob = rob_scaler.fit_transform(boston)
print(pd.DataFrame({"Scale":rob_scaler.scale_,
"Median":rob_scaler.center_},index=boston.columns))
plt.boxplot(boston_rob,labels=boston.columns,vert=False)
plt.xlabel("Values of boston_rob")
plt.show()
```

```
              Scale        Median
CRIM       3.595038       0.25651
ZN        12.500000       0.00000
INDUS     12.910000       9.69000
CHAS       1.000000       0.00000
NOX        0.175000       0.53800
RM         0.738000       6.20850
AGE       49.050000      77.50000
DIS        3.088250       3.20745
RAD       20.000000       5.00000
TAX      387.000000     330.00000
PTRATIO    2.800000      19.05000
B         20.847500     391.44000
LSTAT     10.005000      11.36000
target     7.975000      21.20000
```

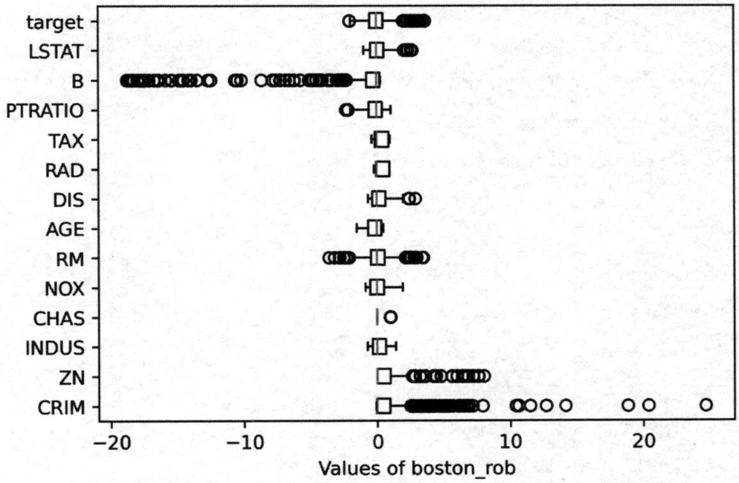

图13.22　对波士顿房价数据集中所有变量robust-scale标准化

观察图13.22并对比标准化后的结果图13.9可以发现，Robust缩放更倾向于保持异常值的“异常”，而不像标准化方法有将异常值过度压缩的倾向，这点在变量B和变量CRIM上表现得尤其突出。

为了观察Robust缩放与标准化方法的差异，我们在下方代码中进行了一个实验，具体步骤为：

第一步，生成包含异常值的变量B3，具体方法为从变量B中随机抽取10个数据，并将其值乘以5；

第二步，使用scikit-learn库中的scale()函数对变量B和B3进行标准化，得到B_std和B3_std；

第三步，使用scikit-learn库中的robust_scale()函数对变量B和B3进行Robust缩放，得到B_rob和B3_rob；

第四步，调用Series.describe()方法输出B、B3、B_std、B3_std、B_robB和3_rob的描述统计指标；

第五步，分别绘制未缩放时、标准化缩放时和Robust缩放时变量B和B3的箱线图。

```
# 生成包含异常值的数据B3
B3 = copy.deepcopy(B)
index3 = B3.sample(n=10,random_state=0).index
B3[index3] = 5 * B3[index3]
# 使用scale函数将变量B和B3标准化
```

```
B_std=pd.Series(scale(B))
B3_std=pd.Series(scale(B3))
# 使用robust_scale函数将变量B和B3标准化
B_rob = pd.Series(robust_scale(B))
B3_rob = pd.Series(robust_scale(B3))
print(
  round(
    pd.DataFrame({
      "B": B.describe(),
      "B3": B3.describe(),
      "B_std": B_std.describe(),
      "B3_std": B3_std.describe(),
      "B_rob": B_rob.describe(),
      "B3_rob": B3_rob.describe()
    }),3))plt.boxplot((B,B3),labels=("B","B3"))
plt.show()
plt.boxplot((B_std,B3_std),labels=("B_std","B3_std"))
plt.show()
plt.boxplot((B_rob,B3_rob),labels=("B_rob","B3_rob"))
plt.show()
```

	B	B3	B_std	B3_std	B_rob	B3_rob
count	506.000	506.000	506.000	506.000	506.000	506.000
mean	356.674	384.503	-0.000	-0.000	-1.668	-0.354
std	91.295	225.482	1.001	1.001	4.379	10.818
min	0.320	0.320	-3.907	-1.706	-18.761	-18.787
25%	375.378	376.058	0.205	-0.037	-0.770	-0.759
50%	391.440	391.880	0.381	0.033	0.000	0.000
75%	396.225	396.900	0.434	0.055	0.230	0.241
max	396.900	1984.500	0.441	7.103	0.262	76.412

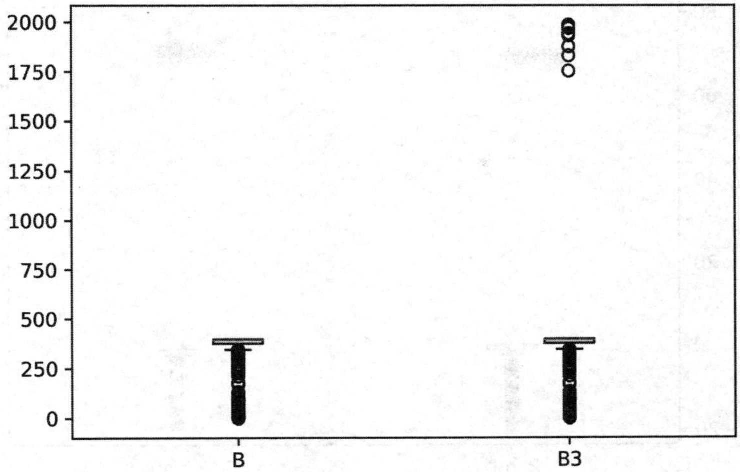

图 13.23　B和B3原始数据的分布

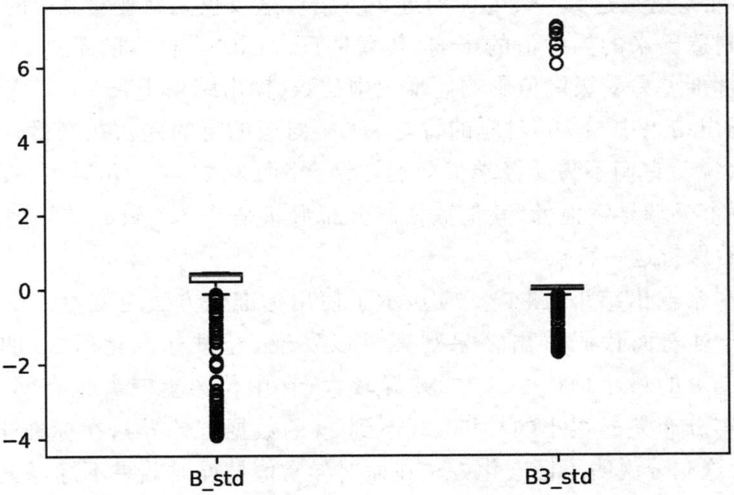

图 13.24　对B和B3标准化的结果

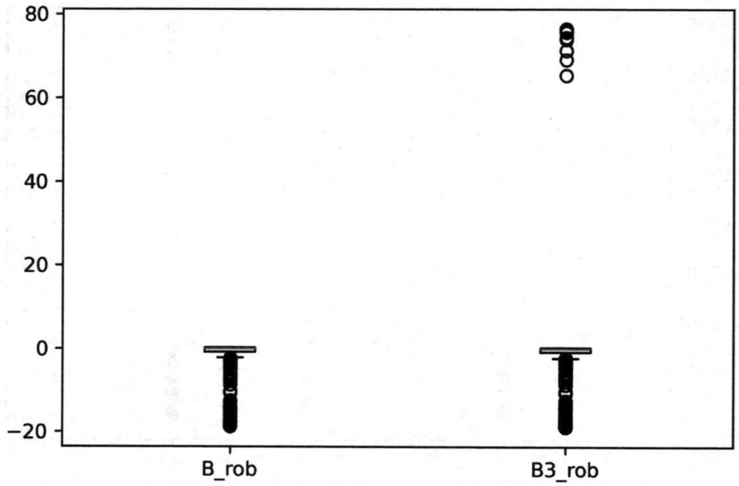

图 13.25　对 B 和 B3 Robust 缩放的结果

仔细观察代码执行结果可以发现，包含异常值的变量 B3，其均值明显大于变量 B，其标准差更是达到了变量 B 的近 2.5 倍。这仅仅是将变量 B 中的 10 个数据乘以 5 所制造出来的异常值的影响，其数量只占 506 个样本的不到 2%，充分说明了均值和标准差易受极端值影响。反观中位数(输出结果中“50%”对应的行)和四分位差(输出结果中“%75”对应的行与“%25”对应的行的差)，在变量 B 和 B3 之间差异很小，说明它们不易受极端值影响。结合图 13.23 进一步观察，变量 B 和 B3 除了那 10 个极端异常值外，其他数据的分布形状是基本一致的，因此应当在数据特征缩放后保持这一特点。

继续观察输出结果，图 13.24 显示了使用标准化方法对变量 B 和 B3 缩放的效果，结合对前面代码输出结果观察可以发现，经过标准化后 B3 的最小值为 -1.706，与 B 的最小值(-3.907)差异较大，在中位数上二者也有不小的差距。这说明原本分布差异很小的 B 和 B3(不到 2% 的数据有差异)，在标准化后变得完全不同了，这充分说明了标准化方法在面对异常值情况时效果不好。图 13.25 显示了使用 Robust 缩放方法对变量 B 和 B3 缩放的效果，可以很清楚得看到，经过缩放后，变量 B 和 B3 的分布形状没有改变，这显示了 Robust 缩放不受异常值影响的特性。

本章练习

练习内容:使用本章所介绍的方法对以下数据集进行数据特征缩放处理:

数据集名称:New York City Airbnb Open Data

数据集介绍:该数据集来自Airbnb,主要描述了2019年纽约市Airbnb房源的情况,包含关于房主、地理区域等指标,可用于租金价格预测及相关分析。

数据集链接:

https://www. kaggle. com/dgomonov/new-york-city-airbnb-open-data.

第14章　信号数据的处理

信号是表示消息的物理量，是运载消息的工具，是消息的载体。如电信号可以通过幅度、频率、相位的变化来表示不同的消息。广义上的信号包含了光信号、声信号和电信号等。例如，古代人利用点燃烽火台而产生的滚滚狼烟，向远方军队传递敌人入侵的消息，这属于光信号；当我们说话时，声波传递到他人的耳朵，使他人了解我们的意图，这属于声信号；遨游太空的各种无线电波、四通八达的电话网中的电流等，都可以用来向远方表达各种消息，这属电信号。人们通过对光、声、电信号进行接收，才知道对方要表达的消息。

人们为了利用信号，就要对它进行处理。例如：电信号弱时，需要对它进行放大；混有噪声时，需要对它进行滤波；当频率不适应于传输时，需要进行调制以及解调；信号遇到失真畸变时，需要对它均衡；当信号类型很多时，需要进行识别等等。

传统意义上，信号处理是指模拟信号处理。通常自然界所遇到的信号均为模拟信号，它在幅值域内和时间域内都是连续的，对这些信号进行放大、滤波、调制、解调以及各种频率变换都属于模拟信号处理。

例如：放大镜就是一种对光信号的模拟信号处理方式。光线经过放大镜镜片后，局部信号得到了放大，所以我们的眼睛可以观察到事物更多细节。从这个例子中可以看到，模拟信号处理过程往往与信息抽取同时进行，而能够满足信息抽取的模拟信号处理过程在物理层面受到了很大的限制。

随着数字计算机的飞速发展，信号处理的理论和方法也得以发展。现在人们通常是先把模拟信号转变成数字信号，然后利用高效的数字信号处理器(DSP: Digital Signal Processor)或计算机基于算法对数字信号进行处理。这种方式将信息抽取过程与信号处理过程分开，使物理层面对信号处理的限制不再存在。

当信号的处理不再受制于物理抽取过程，被数字化的信号就成为了现在一般意义上的数据，而对信号数据的处理，也就脱离了传统的通信和计算机工程范畴，成为了数据科学范畴内的问题。我们可以在数据层面对信号进行各种处理和变换，并进行更加灵活更加复杂的建模和分析。

在此背景下，本章主要针对信号这一特殊形式的数据，讨论并演示其基本的处理方法。需要注意的是,本章内容并非工程意义上的滤波,而是更一般意义上的数据处理。所以一般通信工程中的常见滤波方法,例如卡尔曼滤波等并不在本书讨论范围内。

14.1　信号数据的特征与类型

我们常见的信号可分为模拟信号和数字信号两类。

模拟信号是指信号波形模拟着信息的变化而变化,其主要特征是幅度是连续的,可取无限多个值,而在时间上则可连续,也可不连续。例如现今所使用的大多数电话和广播、电视系统都是传输的模拟信号,电话中的声波可以被转换成电波传输出去,发出什么频率的声波,就会产生对应频率的电波。

数字信号是指不仅在时间上是离散的,而且在幅度上也是离散的,只能取有限个数值的信号,如电报信号。二进制信号就是一种数字信号,它是由“1”和“0”这两位数字的不同的组合来表示不同的信息,我们能够存储在计算机硬盘里的信号都是这种二进制数字信号。

模拟信号可以通过PCM脉码调制(pulse code modulation)方法转换为数字信号,即让模拟信号的不同幅度分别对应不同的二进制值,例如采用8位编码可将模拟信号量化为2^8=256个量级,实用中常采取24位或30位编码。最常见的例子是照相机,胶片相机通过胶卷的化学反应记录了光模拟信号,不同的光频能够引发不同的显色反应,在胶卷上留下不同深浅的色彩。而数码相机则是将模拟信号转换为了数字信号,连续的可见光频会被转换成离散的8位二进制值,共256个量级,表示颜色由浅到深,从而可以存储在硬盘中。

当信号被数字化后,就成为了一般意义上的数据,可以被计算机识别,可以进行数学运算,可以像数据一样进行清洗和处理。

综上所述,本章所讨论的信号数据事实上指的是数字信号,是能够存储计算机中的数据。对比一般的数据,它至少要具备以下两个特征:

(1)值是数值型,是对某种事物的量化,具备定量的数字特性;

(2)按照某个固定的顺序进行排列,例如按照时间先后或者频率高低等。

从以上特征中不难看出,本章所讨论的信号数据类似于时间序列,但是其范畴要比时间序列更广。下面我们看两个实例,是本节所使用的案例数据。

14.1.1　石脑油光谱

石脑油(naphtha)是石油产品之一,又叫化工轻油、粗汽油,是以原油或其他原料加工生产的用于化工原料的轻质油，主要用作化工原料。因用途不同有各种不同的馏程，中国规定馏程为终馏点220℃左右。

石脑油的初馏点、终馏点等理化性质非常重要。在化工生产过程中，石脑油的馏程是不同组分切割的重要依据。及时检测到石脑油各点馏程的大小可保证控制好最佳切割点，并生产出合格的产品。用传统的石油产品馏程标准测定法分析石脑油馏程只能对油品中轻重组分的相对量做出大致的判断，并且耗时很长。当前，采用光谱分析进行石油测定是比较热门的方向。

数据采集自某化工企业的石脑油样品，采集方式为使用一系列光频的红外光照射石脑油样本，测量入射光强和射出光强，由于溶液会吸收一部分光线，由此可以计算出石脑油样本对不同频率红外光的吸光度。首先运行下面代码读取数据。

```
import pandas as pd
# 读取石脑油光谱数据
naphtha = pd.read_csv("naphtha.csv",header=0,index_col="ID")
print(naphtha)
```

```
          3001.0    3004.9   3008.7  …    8991.5    8995.3    8999.2
ID                           …
Spe30633 3.000000 3.000000 3.000000 … -0.005148 -0.005210 -0.005340
Spe30634 3.000000 3.000000 3.000000 … -0.004203 -0.004273 -0.004427
Spe30687 3.000000 3.000000 3.000000 … -0.002299 -0.002377 -0.002507
Spe30688 3.000000 3.000000 3.000000 … -0.002076 -0.002151 -0.002294
Spe30689 3.000000 3.000000 3.000000 … -0.001370 -0.001430 -0.001565
                            …
Spe30132 3.608238 3.654866 3.890369 … -0.005351 -0.005400 -0.005521
Spe30133 3.000000 3.000000 3.000000 … -0.004290 -0.004383 -0.004543
Spe30134 3.000000 4.062386 3.370640 … -0.004925 -0.004998 -0.005113
Spe30135 3.000000 3.000000 3.670747 … -0.005058 -0.005137 -0.005270
Spe30136 3.000000 3.000000 3.000000 … -0.005536 -0.005629 -0.005768
[57 rows x 1556 columns]
```

数据中的列名表示红外光的波数，是光频的一种计量方式，行名是石脑油的样品编号。数值表示样品在不同光频下的吸光度。可以看到，数据是按照光的频率高低顺序排列的，所以列的顺序不能被打乱。每一份样本均构成了一条按光频顺序排列的信号，也就是所谓的光谱。

任选其中若干份样本绘制其吸光度光谱，绘图代码输出如图14.1所示。

```
import matplotlib.pyplot as plt
plt.rcParams['figure.dpi'] = 300
```

```
naphtha.sample(5,random_state=0).T.plot.line() # 随机选取五个样本,绘制光谱图
plt.xlabel("wave number")
plt.ylabel("absorbance")
plt.show()
```

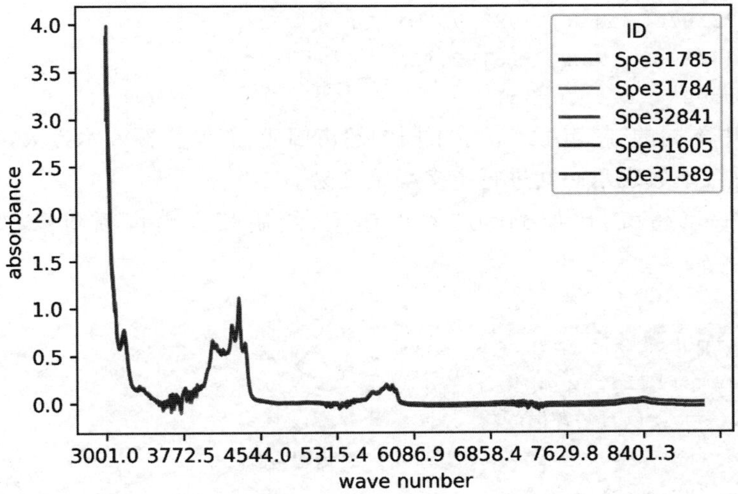

图14.1　石脑油数据光谱图

从图14.1可以清晰地看到石脑油样品的吸光度随着光频变化的过程,这就是一种典型的数字信号数据,它是通过将光模拟信号进行数字化转换后得到的。

14.1.2　超市销售额

超市销售额数据记录了某地二百余家零售超市每天的销售额。运行下面代码读取数据。

```
# 读取超市销售额数据
market = pd.read_csv("supermarket.csv",header=0,
index_col="超市ID")
print(market)
```

```
超市ID    日期       超市类型  总销售额    总订单数
1       2021/1/4   商圈便利  44191.50   2080
1       2021/1/5   商圈便利  45319.60   2132
1       2021/1/6   商圈便利  34923.30   1742
```

```
1      2021/1/8  商圈便利 35111.60  1962
1      2021/1/12 商圈便利 40396.30  2194
          ...         ...        ...       ...
289    2023/8/25  NaN   42487.68  14
289    2023/8/26  NaN   221.20    2
289    2023/8/29  NaN   246.59    3
289    2023/8/30  NaN   92597.79  44
289    2023/8/31  NaN   16792.92  12
[201593 rows x 4 columns]
```

数据中不同的“超市ID”表示不同的超市门店，总销售额表示当天该家门店的零售额，总订单数表示一共进行了多少笔交易。

任选一家超市，比如ID为“3”的超市，绘制其日销售额图像，如图14.2所示。

```
import matplotlib.pyplot as plt
plt.rcParams['figure.dpi'] = 300
# 任选一家超市,绘制日销售额图像
market.loc[3,:].set_index("日期")["总销售额"].plot.line()
plt.xlabel("Date")
plt.ylabel("Total Sales")
plt.show()
```

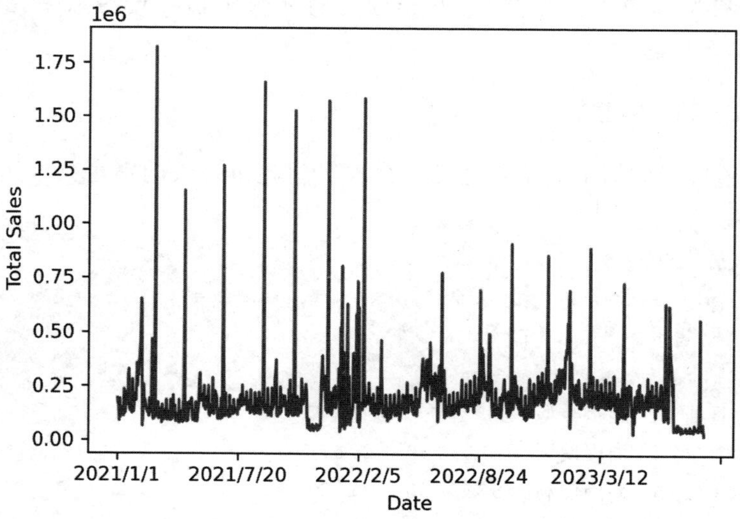

图 14.2　超市日销售额曲线

从图中可以看到,超市的销售额随着时间变化,由时间的先后顺序组织起来。对于这类数据,我们通常还称之为时间序列数据。时间序列数据可以视为一种广义上的信号数据,因为它具备信号的基本特征。因此,时间序列数据往往也具有和信号类似的处理方法。

14.2　信号的平滑

信号数据往往会参杂很多噪音。这些噪音有些是由于采集设备的精度造成的随机误差,有些是由环境干扰造成的混杂信息。例如由录音机录制的会议记录会存在电噪音,也会存在汽车路过时产生的杂音。因此,当我们在面对信号数据时,最常见的需求之一就是降噪。我们希望信号更加纯净,没有噪音的干扰,这样对数据的分析会更加有利。

我们将14.1节介绍的两个信号数据进行局部放大,来观察其细节。代码如下,输出结果如图14.3所示。

```
plt.rcParams['figure.dpi'] = 300
fig,axs = plt.subplots(2,1,figsize=(8,4)) # 设置子图
# 截取数据片段并绘图
naphtha_part = naphtha.sample(1,random_state=0).iloc[0,150: 400]
naphtha_part.plot.line(ax=axs[0],title="naphtha",
             xlabel="wave number",ylabel="absorbance")
market_part = market.loc[3,:].iloc[0:100,:].set_index("日期")["总销售额"]
market_part.plot.line(ax=axs[1],title="market",
             xlabel="Date",ylabel="Total Sales")
plt.subplots_adjust(hspace=1) # 调整子图间距
plt.show()
```

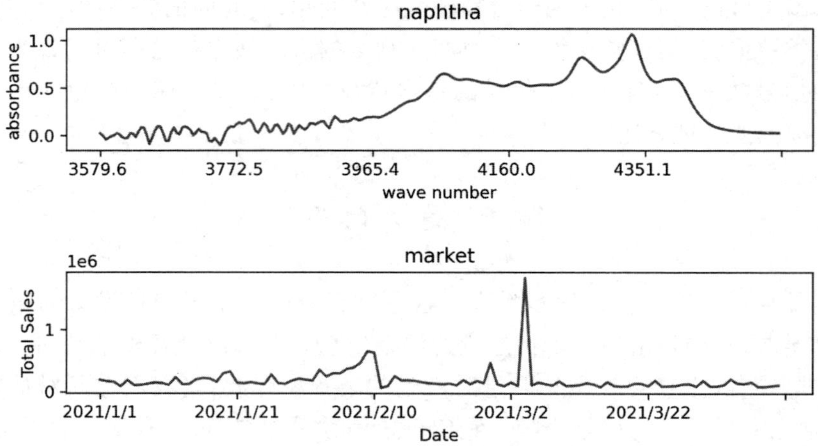

图 14.3　两个数据的局部片段图

从图中可以看到，两份数据在局部细节中，都表现出了较为明显的波动，这些波动就是噪音的表现。对信号的平滑处理，也就是一种降噪滤波。我们希望通过对数据的处理，在不影响数据宏观走势规律的前提下，降低数据的噪音水平，使曲线变得更光滑。

对信号数据的平滑处理，最常用的方法有移动平均平滑和SG平滑，本节主要介绍这两种方法。

14.2.1　移动平均平滑

移动平均平滑(moving average，MA)是最简单有效的一种平滑方式，它要设定一个窗口，对于每个数据点，在一个固定的窗口内取平均值来代替该点。当信号既不快速增长也不快速下降时，移动平均平滑法能有效地消除信号中的随机波动。移动平均平滑法根据预测时使用的各元素的权重不同，可以分为简单移动平均平滑和加权移动平均平滑。

设窗口宽度为 $2k+1$，y_t 为 t 时刻的信号值，则简单移动平均平滑的计算公式如下：

$$y_t=\frac{y_{t-k}+y_{t-k+1}+\cdots+y_{t+k}}{2k+1}$$

加权移动平均平滑的计算公式如下：

$$y_t=\omega_{t-k}y_{t-k}+\omega_{t-k+1}y_{t-k+1}+\cdots+\omega_{t+k}y_{t+k}$$

可以看出，简单移动平均平滑和加权移动平均平滑的区别在于权重是否相等。这里对简单移动平均平滑进行演示，代码实现如下：

```
# 简单移动平均平滑方法
def avg_smooth(data: pd.Series,window_width: int):
  """
  移动平均平滑法
  :param data: Series,执行移动平均平滑的输入数据。
  :param window_width: int,窗口宽度,必须是奇数。
  :return: Series,返回经过移动平均平滑后的数据。
  """
  if window_width % 2 != 1:
    raise ValueError("band_width必须是奇数")
  margin = window_width // 2
  output = data.iloc[margin: -margin].copy()
  for i in range(1,margin + 1):
    output += data.shift(periods=i).iloc[margin: -margin]
    output += data.shift(periods=-i).iloc[margin: -margin]
  return output / window_width
```

上述代码是对任意输入序列进行简单移动平均平滑的函数。我们使用不同的窗口大小,对图14.3中的两个序列进行处理,代码如下,输出结果如图14.4所示:

```
plt.rcParams['figure.dpi'] = 300
fig,axs = plt.subplots(2,1,figsize=(8,4)) # 设置子图
# 对比不同窗口宽度下移动平均平滑效果
naphtha_part.plot.line(ax=axs[0],title="naphtha",label="origin",
              xlabel="wave number",ylabel="absorbance")
avg_smooth(naphtha_part,3).plot.line(ax=axs[0],label="MA 3")
avg_smooth(naphtha_part,7).plot.line(ax=axs[0],label="MA 7")
axs[0].legend()
market_part.plot.line(ax=axs[1],title="market",label="origin",
             xlabel="Date",ylabel="Total Sales")
avg_smooth(market_part,3).plot.line(ax=axs[1],label="MA 3")
avg_smooth(market_part,7).plot.line(ax=axs[1],label="MA 7")
axs[1].legend()
plt.subplots_adjust(hspace=1) # 调整子图间距
plt.show()
```

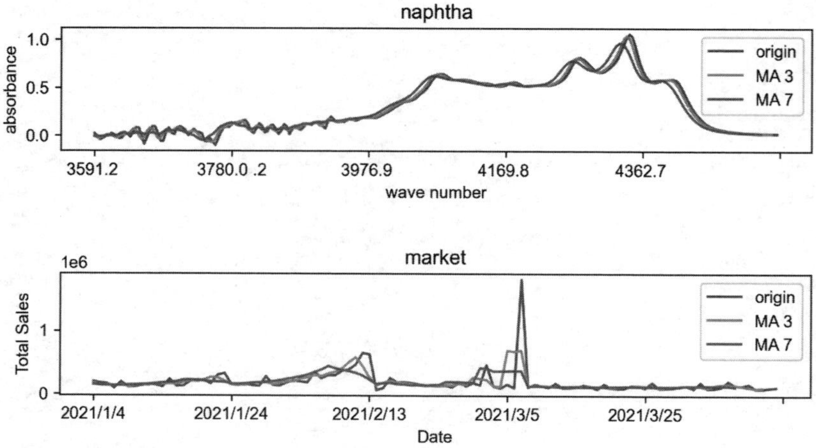

图 14.4　简单平滑效果对比图

从图14.4中可以看到，经过简单移动平均平滑后，信号的波动少了很多“尖刺”，波形更趋近于光滑。但同时也能够发现它对图形具有明显的“削峰填谷”效应，在数据存在较为明显的剧增或剧降趋势时，会使信号产生明显偏差，损失很多信号特征。随着窗口宽度的增大，平滑效果越明显，但产生的偏差也越大。

14.2.2　SG 卷积平滑

SG卷积平滑是亚伯拉罕·萨维茨基 (Abraham Savitzky)和马塞尔·J. E. 戈莱(Marcel J.E.Golay)提出来的基于最小二乘原理的多项式平滑算法，在基本原理上和移动平均平滑是相同的，都是在一个指定的窗口宽度内，对数据进行加权平均。不同的是，移动平均平滑是等权重的平均，而SG卷积平滑是不等权重的平均，它的权重是通过拟合多项式得到的。其基本思想是，在窗口内使用最小二乘法拟合一条多项式曲线，用多项式曲线的预测值代替原始值。由于多项式是平滑可微的，所以这样就可以实现信号的平滑滤波。

不妨设窗口宽度为 $2k+1$，k 是正整数，那么窗口内就有 $[y_{-t}, y_{-t+1}, \cdots, y_0, \cdots, y_t]$，目标是求出中间点 y_0 的估计值。我们可以人为设定一个窗口刻度，令 y_t 的刻度为 t，那么只需要求解线性方程 $y_t = a_0 + a_1 t + a_2 t^2 + \cdots + a_n t^n$ 在 $t=0$ 时的估计值，也就是 a_0 即可。通过最小二乘通解公式，可以得到 a_0 就是关于 y_t 的加权。可以看到，除了需要给定窗口宽度，还需要给定多项式的级数 n，并且窗宽要大于 $n+1$，否则最小二乘无解。

SG卷积平滑的代码实现如下：

```
# SG卷积平滑方法
import numpy as np
def sg_smooth(data: pd.Series,window_width: int,power: int):
  """
  Savitzky-Golay卷积平滑法
  :param data: Series,执行SG平滑的输入数据。
  :param window_width: int,窗口宽度,必须是奇数。
  :param power: int,多项式的次数,必须是正整数。
  :return: Series,返回经过SG平滑后的数据。
  """
  if window_width % 2 != 1:
    raise ValueError("band_width必须是奇数")
  if (power < 1) | (power % 1 != 0):
    raise ValueError("power必须是正整数")
  margin = window_width // 2
  x = np.array([[1] * window_width])
  for i in range(1,power + 1):
    x = np.append(x,np.array([list(range(-margin,margin + 1))])**i,
           axis=0)
  x = np.dot(np.linalg.inv(np.dot(x,x.T)),x)[0,:]
  output = data.iloc[margin:-margin].copy() * x[margin]
  for i in range(1,margin+1):
    output += data.shift(i).iloc[margin:-margin] * x[margin-i]
    output += data.shift(-i).iloc[margin:-margin] * x[margin+i]
  return output
```

从代码的算法过程可以看出,SG卷积平滑本质上是对信号波形的卷积,二次多项式的拟合创造了一个卷积核,然后使用这个卷积核对波形进行叠加。使用SG卷积平滑再对图14.3中的两个序列进行处理,代码如下,输出结果如图14.5所示:

```
plt.rcParams['figure.dpi'] = 300
fig,axs = plt.subplots(2,1,figsize=(8,4)) # 设置子图
# 对比不同窗口宽度和级数下的SG卷积平滑效果
naphtha_part.plot.line(ax=axs[0],title="naphtha",label="origin",
          xlabel="wave number",ylabel="absorbance")
sg_smooth(naphtha_part,5,3).plot.line(ax=axs[0],
label="width 3,power 2")
sg_smooth(naphtha_part,7,4).plot.line(ax=axs[0],
label="width 7,power 4")
```

```
axs[0].legend()
market_part.plot.line(ax=axs[1],title="market",label="origin",
          xlabel="Date",ylabel="Total Sales")
sg_smooth(market_part,5,3).plot.line(ax=axs[1],
label="width 3,power 2")
sg_smooth(market_part,7,4).plot.line(ax=axs[1],
label="width 7,power 4")
axs[1].legend()
plt.subplots_adjust(hspace=1) # 调整子图间距
plt.show()
```

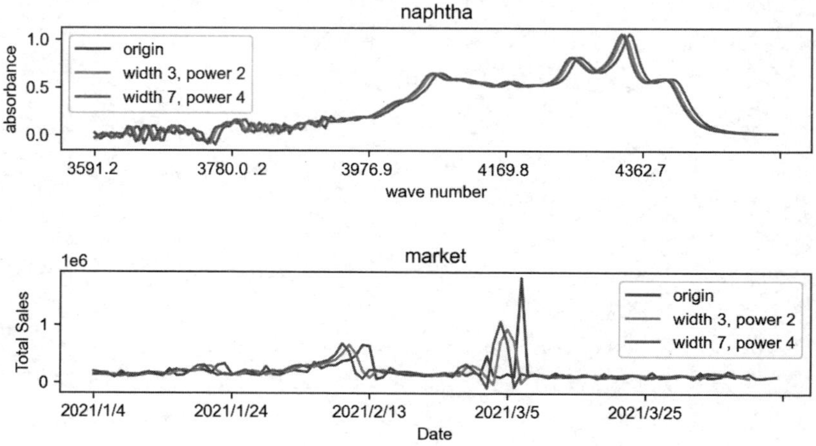

图 14.5　SG 卷积平滑效果对比图

对比图 14.4,我们可以很容易看到图 14.5 更能够符合曲线的走势,不会产生明显的“削峰填谷”现象。相比于移动平均平滑,SG 卷积平滑可以保留更多的信息,在实现波形降噪的同时,滤波不会过于平缓,不会产生较大偏差。

14.3　信号的求导

平滑滤波是为了去除信号噪音干扰,而导数滤波则是为了进一步提取信号特征。在工业领域,信号的变化是有其规律的含义的,导数滤波是为了提取信号的斜率,也就是信号变化速度或加速度,往往可以取得更有效的信息。而在经典的时间序列分析中,也常利用求导来进行序列分解,去除其趋势性。

需要注意的是,对于模拟信号来说,由于值域是连续的,所以常用一些滤波方法来求导,得到信号的速度和加速度。而在本节讨论的数据,其前提一定是数字信号,是由计算机二进制存储并计算的数据,它的值域是离散的。所以我们需要使用在离散数据情形下适用的求导算法。常用的导数滤波方法有差分求导和 SG 卷积求导。

14.3.1　差分求导

差分求导顾名思义,就是通过差分的方式,求某点近似的导数。其基本原理是,在给定的窗口宽度内,求中心点的差分导数,即用窗口两端序列值的差除以窗口宽度。代码实现如下:

```
# 差分求导方法
def diff_derivat(data: pd.Series,order: int):
  """
  一阶差分求导法
  :param data: Series,执行差分求导的输入数据。
  :param order: int,求导阶数。
  :return: Series,返回经过差分求导后的数据。
  """
  x_1 = data.shift(periods=-1)
  if order == 1:
    return x_1 - data
  else:
    return diff_derivat(diff_derivat(data,order-1),1) # 递归求高阶差分
```

在上述代码范例中,使用了递归的方式来计算高阶差分,这种方式会比一般的循环有更好的计算性能。通过下面的代码,我们使用 14.1 节中的石脑油数据来计算其光谱信号的导数,并画出它的导数谱形,输出结果如图 14.6 所示。

```
plt.rcParams['figure.dpi'] = 300
# 对比不同求导阶数下的图像效果
fig,axs = plt.subplots(3,1,figsize=(8,6)) # 设置子图
naphtha_part.plot.line(ax=axs[0],title="origin")
diff_derivat(naphtha_part,1).plot.line(ax=axs[1],
title="derivative 1")
diff_derivat(naphtha_part,2).plot.line(ax=axs[2],
title="derivative 2")
plt.subplots_adjust(hspace=0.5) # 调整子图间距
plt.show()
```

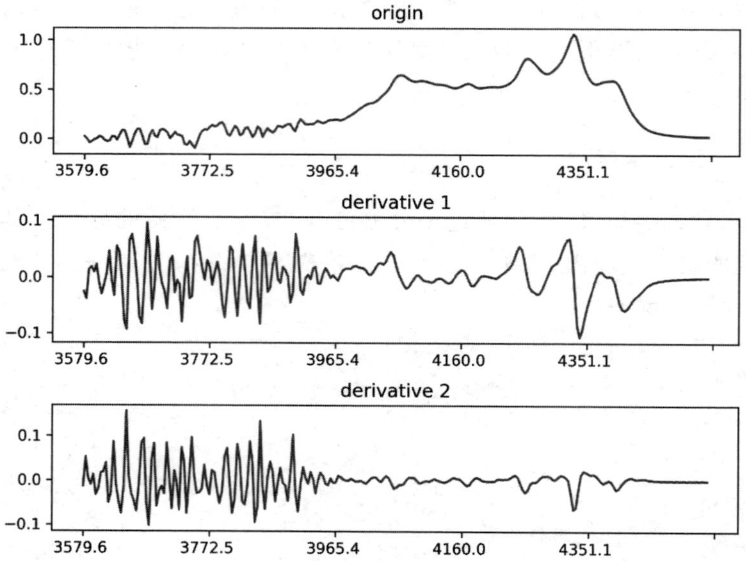

图 14.6　不同差分求导阶数下的石脑油波形

从图 14.6 中可以看到，对原始光谱进行一阶和二阶求导能够得到其速度和加速度。同时，求导还能够移除波形的趋势和口径尺度。这也是我们在做时间序列分析时，常用的一种分解序列趋势的方法。

14.3.2　SG卷积求导

类似于SG卷积平滑，这种依靠多项式拟合曲线的方式也同样可以用来进行求导，也就是SG卷积求导。

SG卷积求导的基本原理和SG卷积平滑相同，都是基于最小二乘原理拟合多项式曲线来处理信号。SG卷积求导在拟合了多项式曲线后，求解目标位置的多项式导数来获得导数信号。代码实现如下：

```
# SG卷积求导方法
def sg_derivat(data: pd.Series,window_width: int,power: int,order:
int):
  """
  Savitzky-Golay卷积求导法
  :param data: Series,执行SG卷积求导的输入数据。
  :param window_width: int,窗口宽度,必须是奇数。
  :param power: int,多项式的次数,必须是正整数。
  :param order: int,求导阶数,必须是正整数,且不能大于power。
```

```
    :return: Series,返回经过SG卷积求导后的数据。
    """
    if window_width % 2 != 1:
        raise ValueError("band_width必须是奇数")
    if (power < 1) | (power % 1 != 0):
        raise ValueError("power必须是正整数")
    if (order < 1) | (order % 1 != 0):
        raise ValueError("order必须是正整数")
    if order > power:
        raise ValueError("order不能大于power")
    margin = window_width // 2
    x = np.array([[1]*window_width])
    for i in range(1,power + 1):
        x = np.append(x,np.array([list(range(-margin,margin+1))])**i,
                axis=0)
    x = np.dot(np.linalg.inv(np.dot(x,x.T)),x)[order,:]
    output = data.iloc[margin:-margin].copy() * x[margin]
    for i in range(1,margin + 1):
        output += data.shift(i).iloc[margin:-margin] * x[margin-i]
        output += data.shift(-i).iloc[margin:-margin] * x[margin+i]
    return output * np.math.factorial(order)
```

SG卷积求导涉及了三个参数,分别是卷积窗口宽度,多项式次数,求导阶数。因此代码算法过程会相对复杂,但其卷积的本质并没有变化。我们使用SG卷积求导再对石脑油数据进行求导处理,运行代码如下,输出结果如图14.7所示。

```
plt.rcParams['figure.dpi'] = 300
# 对比不同参数下的求导图形效果
fig,axs = plt.subplots(3,1,figsize=(8,6)) # 设置子图
naphtha_part.plot.line(ax=axs[0],title="origin")
sg_derivat(naphtha_part,5,2,1).plot.line(ax=axs[1],
title="w5,p2,o1")
sg_derivat(naphtha_part,11,3,1).plot.line(ax=axs[2],
title="w11,p3,o1")
plt.subplots_adjust(hspace=0.5) # 调整子图间距
plt.show()
```

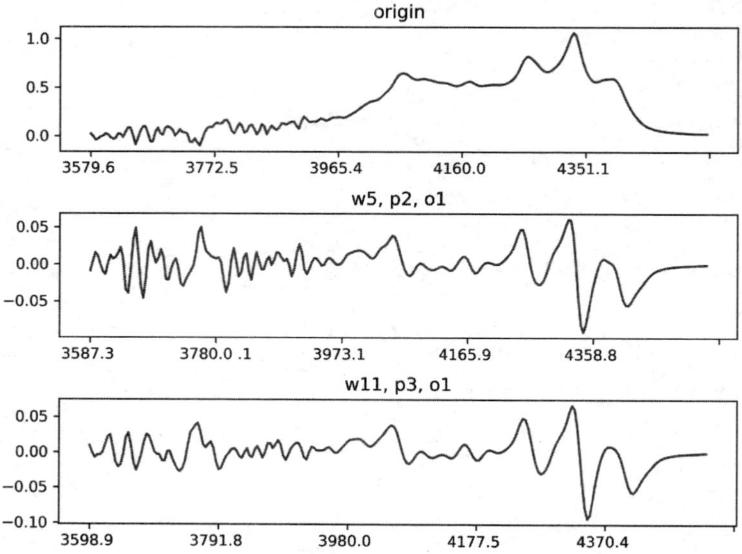

图 14.7　不同 SG 求导阶数下的石脑油波形

对比图 14.6 和图 14.7 的波形，可以很容易发现 SG 求导要比差分求导更平缓。这是因为差分求导对噪音非常敏感，而 SG 求导由于是一种近似多项式的求导，拟合的多项式曲线是可微的，所以其处理结果会更加柔和。SG 求导的这种特性非常重要，它能够一定程度上无视信号噪音的影响，在合适的参数调节下，能够有效地从高噪音信号中分离出有效信息。我们在下一节详细讨论这个问题。

14.4　噪音对求导的影响

在工业应用中，求导是一种非常有效的信号处理手段。但是在使用求导方法处理信号数据时，也需要注意很多问题，并不是所有数据都适用于求导操作。本节主要以实验的方式来探究噪音对求导的影响。

首先，我们生成一份模拟数据，用来表示一条纯净的信号。模拟数据采用正弦曲线，运行代码如下，输出结果如图 14.8 所示。

```
# 画出无噪音的正弦曲线和其一阶差分导数曲线
x = np.linspace(-np.pi,np.pi,300,endpoint=True)
s = np.sin(x)
curve = pd.Series(s,index=x,name="sin curve")
fig,axs = plt.subplots(2,1,figsize=(8,5)) # 设置子图
curve.plot.line(ax=axs[0],title="origin")
```

```
diff_derivat(curve,1).plot.line(ax=axs[1],title="derivative")
plt.subplots_adjust(hspace=0.5) # 调整子图间距
plt.show()
```

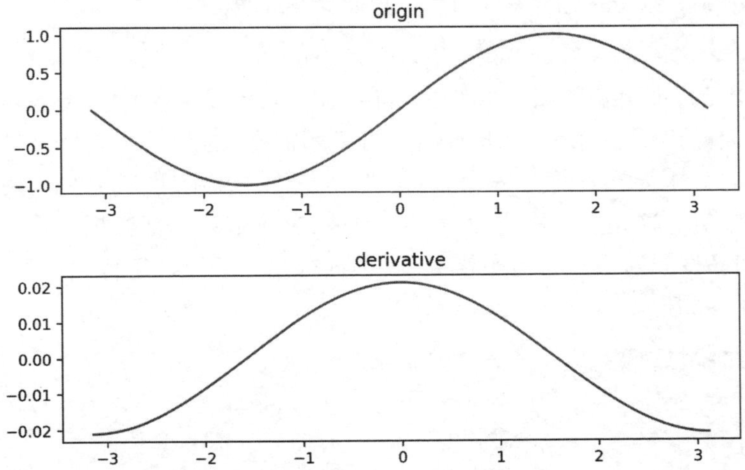

图 14.8　纯净正弦曲线和它的差分导数曲线

可以看到,当信号纯净时,我们采用差分求导可以得到很清晰的导数曲线。现在,我们对正弦曲线施加一个均值为0,标准差为0.1的高斯噪音。运行代码如下,输出结果如图14.9所示。

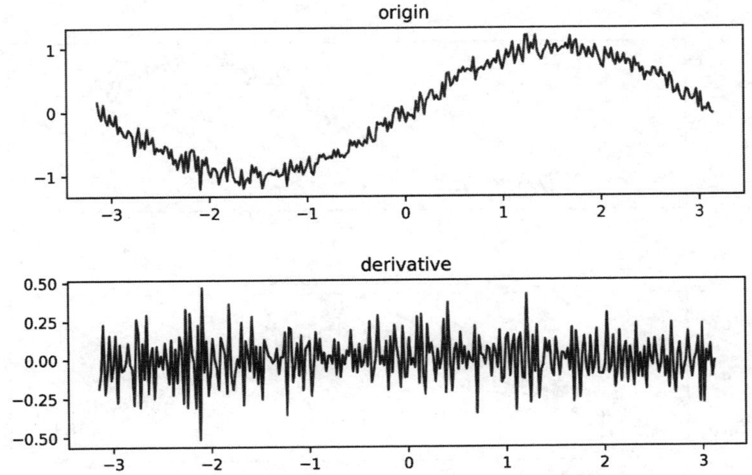

图 14.9　带噪音的正弦曲线和它的差分导数曲线

```
# 对正弦曲线施加高斯噪音,再绘制一阶差分曲线
curve_noise = curve + np.random.normal(0,0.1,300)
```

```
fig,axs = plt.subplots(2,1,figsize=(8,5)) # 设置子图
curve_noise.plot.line(ax=axs[0],title="origin")
diff_derivat(curve_noise,1).plot.line(ax=axs[1],title="derivative")
plt.subplots_adjust(hspace=0.5) # 调整子图间距
plt.show()
```

可以看到,带噪音的正弦曲线虽然存在波动,但是其整体的走势还是符合正弦规律的。然而,其一阶差分导数则变得一团混乱,这表明了差分求导对噪音的敏感性。差分求导在计算过程中,对每一个位置的求导,事实上只使用了该位置前后两个数值。这是它对噪音很敏感的原因,过于依赖局部数据。为了解决这个问题,我们尝试先对数据进行平滑处理,再进行差分求导。运行代码如下,输出结果如图 14.10 所示。

```
# 对带噪音的正弦曲线先做sg平滑,再绘制一阶差分曲线
curve_noise_smooth = sg_smooth(curve_noise,35,1) # 先对数据进行SG平滑
fig,axs = plt.subplots(2,1,figsize=(8,5)) # 设置子图
curve_noise.plot.line(ax=axs[0],title="origin")
diff_derivat(curve_noise_smooth,1).plot.line(ax=axs[1],
title="smooth derivative")
plt.subplots_adjust(hspace=0.5) # 调整子图间距
plt.show()
```

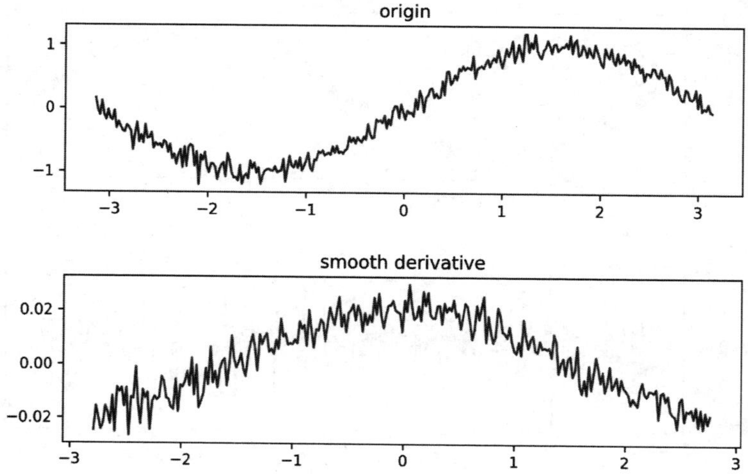

图 14.10　进行 SG 平滑后的差分求导曲线

很明显,经过平滑后再进行差分求导,能够有效克服噪音带来的不利影响。

只要通过试验，选择一个合适的平滑参数即可。

接下来，我们尝试对带噪音的正弦曲线进行SG求导，测试其对噪音的耐受性。运行代码如下，输出结果如图14.11所示。

```
# 对带噪音的正弦曲线直接做sg求导
fig,axs = plt.subplots(2,1,figsize=(8,5)) # 设置子图
curve_noise.plot.line(ax=axs[0],title="origin")
sg_derivat(curve_noise,35,1,1).plot.line(ax=axs[1],
title="derivative")
plt.subplots_adjust(hspace=0.5) # 调整子图间距
plt.show()
```

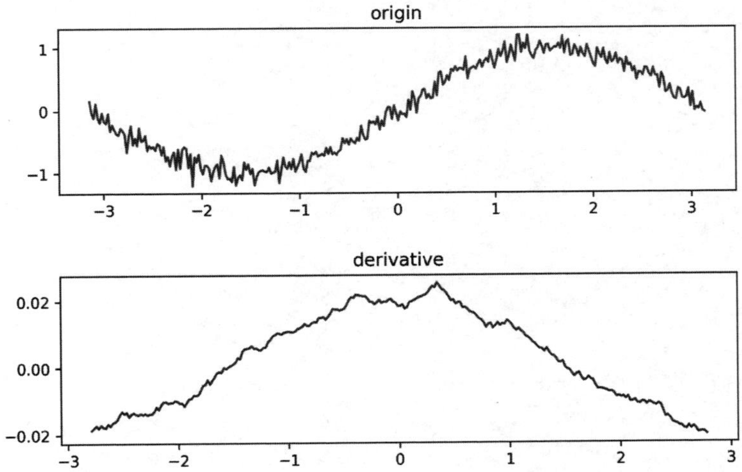

图14.11　对带噪音的曲线进行SG求导曲线

可以看到通过对比图14.10，图14.11的SG求导曲线得到了进一步的改善，不需要事前进行平滑，就能得到明显更稳定的结果。这是SG求导对噪音干扰适用性的进一步体现。

本章练习

练习内容：对超市销售额数据进行求导处理，要考虑数据的噪音和不连续问题。并观察超市销售额的变化规律。

数据集名称：supermarket.csv

数据集介绍：数据整理自某消费大数据项目，为河南省某地区的二百余家加盟商超在2021-2023年间的日销售额。

数据集链接：联系出版社下载。

第15章　图像数据的处理

图像数据(image data)是指用数值表示的各像素(pixel)的灰度值或通道值的集合。

真实世界的图像一般由图像上每一点光的强弱和频谱(颜色)来表示,这种强弱和频谱是连续的。把图像信息转换成数据信息时,须将图像分解为很多小区域,这些小区域称为像素,可以用一个或多个数值来表示它的灰度或颜色,对于彩色图像常用红、绿、蓝三原色(trichromatic)分量表示。顺序地抽取每一个像素的信息,就可以用一个离散的阵列来代表一幅连续的图像。

从上面的定义可以很容易联想到,图像其实也是一种模拟信号,因为他是由连续的光频构成,并且由特定的顺序排成阵列。这种阵列不能打乱顺序,因为只有特定的排列顺序才能组成有意义的形状。而我们存储在计算机里的图像,则是将这种模拟信号转化为了离散数字信号,变成了可被计算机读取和计算的数据。

对比其他类型的信号数据,由于图像是视觉最直接的体现,所以图像数据的使用范围更加广泛。例如一些修图软件可以为照片增加滤镜效果,可以磨皮、瘦脸,人工智能可以帮助医生识别CT影像,汽车可以自动驾驶,相机可以自动聚焦人脸等,都是图像数据的应用。

本章主要介绍图像数据的数据结构,了解图像如何数字化,以及计算机如何存储图像。并在此基础上,掌握图像的常见处理方法。

15.1　图像的数据结构

为了让计算机能够识别并存储的图像,我们首先需要想办法将图像表达为数字,这个过程就称之为数字化。

我们首先从比较简单的黑白图片入手。黑白图片也称为灰度图片,它是一种单色图,图像中只有黑色一种颜色,区别仅在于黑的程度有多高。为了表达一个像素有多黑,我们首先设定“纯白”和“纯黑”两个端点,然后在由纯白到纯黑过渡的过程中,均分为若干区段,以此来表达一个像素“黑”的程度。

现代计算机通行的做法是用8位色彩深度,也就是用8个二进制位。一个二进制位就是一个“0”或“1”，那么8个二进制位共有2^8 = 256个不同的级别。所以，通行的做法就是用0来表示“纯黑”，用255来表示“纯白”。那么一张黑白图片，在计算机中就会存储成一串0或1，8个为一组代表一个像素，按顺序排成阵列。

以此类推，如果我们想要表达彩色图片，那么按照三原色理论，我们只需要使用三个8位数字分别表达“红”“绿”“蓝”即可。三种颜色都有256种级别，那么它们的组合为256×256×256=16777216，即大约1600万种颜色。事实上，对于图像数据，我们通常将颜色称为“通道”(channel)。如果说图像数据的第一、二个维度表示像素的横纵坐标，那么第三个维度channel就是颜色。

我们看看下面的代码范例，读取一张图片，并显示其基本情况。这里使用的图片是一张彩色图片，输出图像见图15.1。

```
import matplotlib.image as mpimg
import matplotlib.pyplot as plt
plt.rcParams['figure.dpi'] = 300
flower_c = mpimg.imread('./data/flower.jpg') # 读取图片
plt.imshow(flower_c) # 显示图片
plt.title("Original Color Image")
plt.show()
print(type(flower_c))
print(flower_c.shape) # 查看图像的数值情况
```

```
<class 'numpy.ndarray'>
(1080,1920,3)
```

可以看到，显示出来的图片是一张彩色的花朵，但是它的数值形式其实是一个三维的numpy数组。这个数组有1080×1920个像素，3个通道，也就是说每个像素都是一个长度为3的向量。如果我们将这个长度为3的向量取平均值，将其变成一个数字，从而去掉第三个维度，那么这张图片就变成了一张灰度图片。运行代码如下，输出图像如图15.2所示。

```
import numpy as np
flower_g = flower_c.mean(axis=2).astype(int) # 对第三个维度取平均值,并
转为整数
plt.imshow(flower_g,cmap="Greys") # 由于缺少 channel,所以要指定 cmap 为
grey
plt.title("Original Grayscale Image")
plt.show()
print(flower_g.shape) # 查看图像的数值情况
```

```
(1080,1920)
```

图 15.1　原始彩色图片

图 15.2　原始灰度图片

可以看到,灰度图像变成了一个二维的numpy数组。在数据领域,我们就是在这样的数据结构上,通过各种算法对图像进行处理。后面将介绍基本的图像处理方法。

15.2 图像的卷积

图像的卷积是图像数据最普遍的处理方式。它与SG卷积类似，都是通过一个卷积窗口（也称为卷积核）对数据进行叠加。

图像的卷积计算可以通过图15.3来直观展示。假设有一个3×3的灰度图像，和一个2×2的卷积核。那么对图像上的每一个2×2区域，都与该卷积核进行内积，得出的结果依次排列形成新的图像，这种运算就是卷积。

由于一张图片经常包含上百万像素，因此，虽然看上去卷积是用卷积核逐个处理图像上的同尺寸窗口，但是在算法设计上却不会这么做，因为效率太差！事实上，我们常常把卷积转化为等价的另一种操作，将卷积核中的每一个数字，分别乘以整个图像，然后把图像按照卷积核数字的位置进行平移，再叠加到一起。这就好像是一个千层蛋糕，每一层都是单独的蛋糕，但是经过不同的处理，然后叠到一起，这也是“卷积”这个名字的由来。

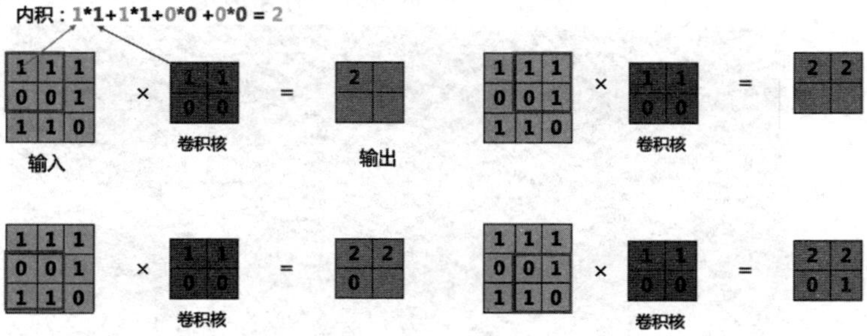

图15.3 卷积过程图解[①]

在给定一个卷积核的情况下，对numpy数组型图像数据进行卷积操作的代码如下：

```
def conv(img: np.ndarray,kernel: np.ndarray,bias: int = 0):
  """
  图像的卷积算法，按给定的卷积核进行卷积。
  :param img: ndarray,输入图像，必须是二维或三维数组。
  :param kernel: ndarray,卷积核，必须是奇数阶方阵数组且总和为1，否则无法正常显示。
  :param bias: int,亮度修正，为整幅图片补充或削减亮度。
  :return: ndarray,返回卷积后的数组。
  """
```

① 图片来自CSDN博客，blog.csdn.net@issa.

```
kr,kc = kernel.shape # 判断卷积核是否奇数阶方阵
if(kernel.ndim == 2)&(kr == kc)&(kr % 2 == 1):
  window = kernel.shape[0]
else:
  raise ValueError("kernel需要奇数阶方阵")
if img.ndim == 2: # 判断图片通道数,并创建背景图层
  row,col = img.shape
  output = np.zeros((row-window+1,col-window+1))
else:
  raise ValueError("需要二维数组的灰度图像")
for i in range(window): # 将矩阵按卷积核进行加权叠加
  for j in range(window):
    output+=kernel[i,j]*img[i:i+output.shape[0],j:j+output.shape[1]]
output = output.astype(int) # 卷积后可能存在小数,统一转为整数
output += bias # 添加曝光补偿
output[output<0] = 0 # 对超过值域的像素进行截断处理
output[output>255] = 255
return output
```

可见只要给定一个卷积核,就会得到对应的处理图像,那么只要找到具有特定作用的卷积核就可以了。这种基于卷积核的图像处理,也叫作"滤镜"或"滤波",接下来介绍几种常用的卷积核。

15.2.1 模糊

模糊虚化是对图像最基本的处理,其核心思路是,对于每一个像素,取一定窗口内的加权值代替这个像素。根据加权的方式不同,可分为平均模糊、高斯模糊和运动模糊。

平均模糊是指每个值都相等的卷积核,例如一个3阶矩阵:

$$\begin{bmatrix} \frac{1}{9} & \frac{1}{9} & \frac{1}{9} \\ \frac{1}{9} & \frac{1}{9} & \frac{1}{9} \\ \frac{1}{9} & \frac{1}{9} & \frac{1}{9} \end{bmatrix}$$

如果使用这个卷积核,那么中心位置的像素会受到来自周围方向上均等的平均作用,从而产生模糊效果。实现代码如下,输出结果如图15.4。

```
# 平均模糊
kernel1 = np.ones((21,21)) # 21阶平均模糊卷积核
kernel1 = kernel1 / kernel1.sum() # 将卷积核总和限制为1
plt.imshow(conv(flower_g,kernel1),cmap="Greys")
plt.title("Average Vague",fontproperties="SimHei")
plt.show()
```

图 15.4　平均模糊卷积效果

高斯模糊与平均模糊类似，区别在于没有使用等权重卷积核，而是使用服从二维正态分布的卷积核。计算权重时，只需将卷积核的中心点作为原点，其他点按照二维正态分布分配对应位置的权重即可。如果使用这个卷积核，那么中心位置会受到来自周围方向的正态平均作用，且距离中心点越远，其平均效应越弱，从而产生模糊效果。由于二者效果几乎相同，难以用肉眼分辨，所以这里不对高斯模糊做出演示，留作本章的联系作业供读者尝试。

运动模糊是一种具有方向性的权重的模糊，例如下面的对角矩阵：

$$\begin{bmatrix} \frac{1}{3} & 0 & 0 \\ 0 & \frac{1}{3} & 0 \\ 0 & 0 & \frac{1}{3} \end{bmatrix}$$

如果使用这种卷积核，中心像素会受到斜向的像素加权效应，而其他方向的像素则不会对中心像素产生任何影响。这种来自特定方向的权重可以产生一种运动模糊的效果，就像拍照时相机受到摇晃一样。实现代码如下，输出结果如图

15.5所示。

```
# 运动模糊
kernel2 = np.identity(21) # 21阶单位阵,运动模糊
kernel2 = kernel2 / kernel2.sum() # 将卷积核总和限制为1
plt.imshow(conv(flower_g,kernel2),cmap="Greys")
plt.title("Move Vague")
plt.show()
```

图15.5　运动模糊卷积效果

15.2.2　锐化

锐化是一种让图像边缘更加锋利的处理方法,而图像的边缘一般都是数值变化较大的地方,所以锐化卷积核就是要想办法扩大这种边缘差异。

一个简单的锐化卷积核的矩阵如下所示:

$$\begin{bmatrix} -1 & -1 & -1 \\ -1 & 9 & -1 \\ -1 & -1 & -1 \end{bmatrix}$$

可见锐化卷积就是计算中心位置像素与周围像素的差值。差值越大,表示该像素周围变化越大,输出值也就越大。实现代码如下,输出结果如图15.6所示。

```
# 锐化
kernel3 = np.array([[-1,-1,-1],[-1,9,-1],[-1,-1,-1]]) # 锐化卷积核
plt.imshow(conv(flower_g,kernel3),cmap="Greys")
plt.title("Sharpen")
plt.show()
```

图 15.6　锐化卷积效果

对比原始图片图15.2,图15.6可以明显发现经过锐化的图像具有更加锋利的边缘,似乎图像变得更加“清晰”了。这就是锐化卷积核所产生的效果,能够使图像看上去更加锐利清晰。

15.2.3　边缘检测

边缘检测的目的是提取图像的边缘,只有物体的轮廓会被勾勒出来,其余信息均被隐去。其思路与锐化类似,都是要处理边缘差异较大的像素,区别在于锐化是为了突出这个边缘差异,而边缘检测是只保留边缘差异。

基于这种思路,我们可以建立卷积核如下:

$$\begin{bmatrix} -1 & -1 & -1 \\ -1 & 8 & -1 \\ -1 & -1 & -1 \end{bmatrix}$$

可以看到这个卷积核与锐化卷积核非常相近,区别仅在于锐化卷积核的总和为1,而边缘检测卷积核的总和为0。正是这种变化,将变化不明显的像素区域值都卷积成了接近0,仅有边缘差异大的像素区域能够有较大正数。运行范例代码如下,输出结果如图15.7所示。

```
# 边缘检测
kernel4 = np.array([[-1,-1,-1],[-1,8,-1],[-1,-1,-1]]) # 总和0的卷积核
plt.imshow(conv(flower_g,kernel4),cmap="Greys")
plt.title("Edge Detection")
plt.show()
```

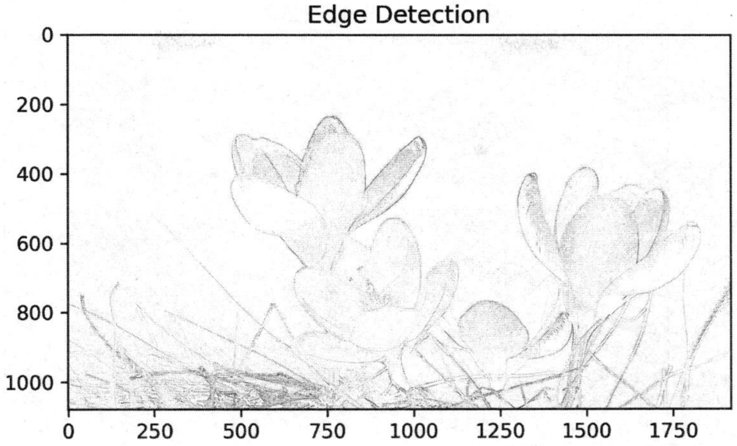

图 15.7　边缘检测卷积效果

可以明显看到，图 15.7 边缘检测卷积将图像变成了一副类似版画的样子，只有花朵的轮廓得以保留，其余背景物体全部被隐去了。

15.2.4　浮雕

浮雕效果是一种比较特殊的卷积效果，它可以把图像中的物体处理成具有凸起的浮雕效果。其思路是强化像素在某个方向上的梯度，从而产生较为明显的落差感。

浮雕卷积核的一个范例如下：

$$\begin{bmatrix} 4 & 0 & 0 \\ 0 & -2 & 0 \\ 0 & 0 & -2 \end{bmatrix}$$

从卷积核可以看到，该浮雕卷积核的中心像素受到了来自斜向 45°的梯度效应，强化了特定方向的梯度落差，而其他方向则不参与计算。这就是浮雕卷积核的工作原理，我们同样可以改为其他方向的梯度，只要在卷积核中进行旋转，就可以调整浮雕的凸起角度。运行范例代码如下，输出结果如图 15.8 所示。

```
# 浮雕
kernel5 = np.array([[4,0,0],[0,-2,0],[0,0,-2]]) # 方向突出,浮雕卷积核
plt.imshow(conv(flower_g,kernel5,bias=40),cmap="Greys")
plt.title("Relief Effect")
plt.show()
```

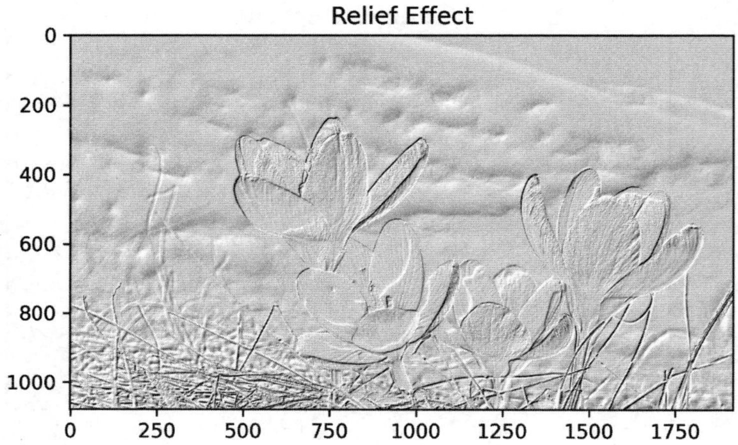

图 15.8　浮雕卷积效果

从图 15.8 中可以看到，图像中的花朵变成了具有凸起感的浮雕，其他位置则是近似的平面。

本章练习

练习内容：尝试对图像进行高斯模糊处理，创建高斯卷积核。

数据集名称：flower.jpg

第16章　分布式平台上的大数据预处理

随着企业或相关部门掌握的数据规模呈指数级增长，单一机器已经难以满足存储和处理这些数据的需求，因此它们纷纷引入了分布式平台。分布式平台是一种计算机系统架构，它通过协调多台计算机共同完成任务，以提高计算效率和可靠性。该平台将计算任务分配给多台计算机，使得整体计算能力得以显著增强。这种架构广泛应用于大规模数据处理、云计算和网络服务等领域。

分布式平台相关开源技术包括Hadoop、Spark、Hive等。随着分布式平台技术和商业上的发展，大型互联网公司推出自己的商业大数据分布式平台，一站式解决数据仓库和数据处理的问题。

本章以阿里云DataWorks为例，介绍分布式平台上的大数据预处理。阿里云DataWorks是一种以All in one box的方式提供Serverless化服务的、专业高效、安全可靠的一站式大数据智能研发平台，基于阿里云MaxCompute作为核心计算引擎，它提供了数据集成、数据开发、数据质量、数据安全和数据运维等多种功能，帮助用户实现数据的全流程管理和应用。

用户可以在DataWorks平台上进行数据的ETL(Extract-Transform-Load)操作，进行数据开发，进行数据质量检测和数据安全管理，以及进行数据运维和监控等工作。DataWorks平台还提供了数据开发工具和数据协同协作工具，方便团队成员之间进行数据开发和协作，用户可以更加高效地管理和应用数据，实现数据驱动的业务决策和应用。

本章着重介绍PyODPS工具的使用。PyODPS是MaxCompute的Python版本的SDK。提供简单方便的Python编程接口，以便使用Python编写MaxCompute作业、查询MaxCompute表和视图，以及管理MaxCompute资源。

16.1　SQL语句和PyODPS工具

SQL(structured query language)是一种用于管理关系型数据库系统的标准化语言，分布式平台DataWorks包含了SQL语言相关功能。它提供了一种用于查询、操作和管理数据库的统一接口，包括数据的检索、更新、插入、删除，以及数据库对象的创建、修改和删除等操作。SQL语言具有简单易学、功能丰富、标准化和灵活性等特点。

SQL作为关系型数据库的标准查询语言，在企业级应用中仍然扮演着重要的角色。随着大数据、云计算和人工智能等技术的发展，SQL也在不断演进和发展，以适应新的数据处理和分析需求。SQL在大数据处理和分析领域的应用也在不断增加，例如Spark SQL、Presto等技术的出现，使得SQL可以更好地处理大规模数据。总的来说，SQL作为一种成熟的数据处理和管理语言，具有广泛的应用前景。未来随着数据处理和分析需求的不断增加，SQL的发展将更加注重性能优化、大数据处理、分布式环境下的应用等方面的问题。

除此之外，本书介绍DataWorks中MaxCompute的Python编程接口，即可以使用Python语言对DataWorks进行数据处理和分析，叫做PyODPS。PyODPS是MaxCompute的Python版本的SDK，以便用户使用Python编写MaxCompute相关程序。PyODPS提供了与ODPS命令行工具类似的功能，例如上传和下载文件、创建表、运行ODPS SQL查询等，同时提供了一些高级功能，如提交MapReduce任务、使用ODPS UDF等。本文为您介绍PyODPS的应用场景、支持的工具，及使用过程中需要关注的注意事项等。

以下程序展示了如何在阿里云MaxCompute中使用PyODPS连接数据库并创建表。

```
from odps import ODPS
def connect_to_maxcompute(access_id,access_key,project_name,
end_point):
  # 函数:连接MaxCompute服务
  odps = ODPS(access_id,access_key,project_name,endpoint=end_point)
    return odps
# 设置参数
access_id = 'your_access_id'
access_key = 'your_access_key'
project_name = 'your_project_name'
end_point = 'your_end_point'
# 连接MaxCompute服务
odps = connect_to_maxcompute(access_id,access_key,project_name,
end_point)
def create_table(odps,table_name,schema):
  # 函数:创建表
   odps. execute_sql('CREATE  TABLE  IF  NOT  EXISTS  {}  ({})'. format
```

```
(table_name,schema))
table_name = 'your_table_name'
schema = 'id BIGINT,name STRING,score BIGINT' # 定义表结构
# 创建表
create_table(odps,table_name,schema)
```

该程序首先导入了必要的ODPS类用于与MaxCompute进行交互。

定义函数connect_maxcompute,功能是通过给定的access_id、access_key、project_name和end_point连接到MaxCompute服务。其中,access_id和access_key是用于身份验证的访问密钥,project_name是MaxCompute中的项目名称,接着,定义函数create_table,功能用于创建一个新的表。在这个例子中,表名为your_table_name,表结构包括id(BIGINT类型)、name(STRING类型)和age(BIGINT类型)三个字段。如果表不存在,则创建新表,如果表已存在,则不执行任何操作(IF NOT EXISTS)。

通过调用create_table函数,使用之前建立的ODPS连接对象、表名称和表结构定义在MaxCompute项目中创建表。Schema定义表的结构,表包括三列id(BIGINT类型)、name(STRING类型)和 score(BIGINT类型)。

本节为了展示PyODPS的操作,在MaxCompute项目中创建了一张全新的表。需要说明的是,在实际分布式平台中进行大数据处理往往是基于已有的数据表进行计算和分析,将分析结果保存到一张新的表,而不是创建一张完全新的表。

16.2　案例:异常值处理

结合本书第5章异常值处理的内容,我们可以通过PyODPS对MaxCompute中的数据进行处理和计算,从而实现在分布式平台中的异常值处理。使用PyODPS对异常值进行处理的一般流程如下:

(1)首先使用PyODPS连接到MaxCompute,获取需要进行异常值处理的数据表。

(2)利用Python和pandas的判断和数据处理功能,对异常值进行替换、删除或标记。可以配合Python的数据可视化库(如Matplotlib、Seaborn)绘制箱线图、散点图等可视化图表,以直观地发现异常值。

(3)在Python中编写逻辑,根据异常值的特点进行相应的处理操作。

(4)将处理后的数据重新写入MaxCompute中,或者在Python环境下进行进一步的分析和处理。

下面是分布式平台异常值处理的具体案例，演示如何使用PyODPS对MaxCompute中的数据进行异常值处理：

```
from odps import ODPS
import pandas as pd
# 连接MaxCompute
o = ODPS('your_access_id','your_access_key','your_project',
endpoint='your_endpoint')
# 从MaxCompute中读取数据
table = o.get_table('your_table')
df = table.to_pandas()
# 异常值识别
mean = df['value'].mean()
std = df['value'].std()
threshold = 3
df['z_score'] = (df['value']-mean) / std
# 异常值处理
cleaned_df = df[(df['z_score']<=threshold)&(df['z_score']>=-threshold)]
# 将处理后的数据写入MaxCompute
cleaned_table = o.write_table('cleaned_table',cleaned_df,
partition='your_partition')
# 关闭连接
o.close()
```

在上述案例中，程序首先连接到MaxCompute并读取数据，通过数据的均值和三倍标准差对异常值进行识别和处理，最终将处理后的数据写回到MaxCompute中，关闭连接。有关异常值处理相关知识请通过第5章回顾学习。

案例中table.to_pandas()是连接MaxCompute和pandas的关键。to_pandas实际会在分布式平台的后台执行SQL查询，提取整个表或符合条件的子集的数据。通过ODPS从MaxCompute表中读取数据，这个过程可能会分批进行，以处理大规模的数据集。

16.3　案例:数据聚合处理

数据聚合是分布式平台中最为常见且基础的计算操作之一。数据聚合是指将来自多个源的数据汇集并组合成一个单一的数据集,以便进行进一步的分析。在聚合过程中,原始数据通常会经过汇总、计算或合并等操作。使用PyODPS对数据进行聚合计算的一般流程如下:

(1)连接到MaxCompute。首先使用PyODPS连接到MaxCompute。

(2)使用PyODPS读取MaxCompute中的数据到Python环境中,可以选择将数据加载为Pandas DataFrame或者进行其他处理。

(3)对数据进行聚合计算,可以使用Pandas的聚合函数(如:groupby、agg)进行处理,也可以通过PyODPS的SQL语句在MaxCompute中进行聚合计算。

(4)对聚合计算的结果进行进一步处理,可以进行数据可视化、导出到MaxCompute中或者进行其他操作。

(5)将聚合计算后的结果写入MaxCompute中,以便后续的分析和使用。

下面是分布式平台数据聚合操作的具体案例,演示如何使用PyODPS对MaxCompute中的数据进行聚合计算:

```
from odps import ODPS
import pandas as pd
# 连接MaxCompute
o = ODPS('your_access_id','your_access_key','your_project',
endpoint='your_endpoint')
# 从MaxCompute中读取数据
table = o.get_table('your_table')
df = table.to_pandas()
# 数据聚合计算
agg_result = df.groupby('category').agg({'value': 'sum'})
# 将聚合计算后的结果写入MaxCompute
agg_table = o.write_table('agg_table',agg_result,
partition='your_partition')
# 关闭连接
o.close()
```

在上述案例中,程序首先使用PyODPS连接到MaxCompute,然后从MaxCompute中读取数据到Python环境中。接着,我们使用Pandas的groupby

和agg函数对数据进行了聚合计算。最后，将聚合计算后的结果重新写入MaxCompute中。

由以上案例可以看出，PyODPS提供了丰富的数据处理和计算功能，我们可以结合Python的强大生态系统，灵活地进行数据聚合计算。

不仅如此，根据具体的业务需求和数据特点，我们可以利用Python中的各式各样数据处理库和算法，与PyODPS一起实现对数据其他定制化的计算和分析。